高情商职场沟通术

林开平◎著

人民交通出版社股份有限公司
China Communications Press Co.,Ltd.

图书在版编目(CIP)数据

高情商职场沟通术 / 林开平著. — 北京：人民交通出版社股份有限公司，2019.5

ISBN 978-7-114-14247-5

Ⅰ. ①高… Ⅱ. ①林… Ⅲ. ①人际关系学 Ⅳ. ①C912.11

中国版本图书馆CIP数据核字（2019）第033176号

Developing Emotional Quotient To Run Your Life

书　　名：高情商职场沟通术
著 作 者：林开平
监　　制：邵　江
策　　划：李梦霁
责任编辑：李梦霁
责任校对：刘　芹
责任印制：张　凯
营　　销：吴　迪　张龙定　陈力维
特约编辑：童　亮　刘楚馨
出　　版：人民交通出版社股份有限公司
地　　址：（100011）北京市朝阳区安定门外外馆斜街3号
网　　址：http://www.ccpress.com.cn
销售电话：（010）59636983
总 经 销：北京有容书邦文化传媒有限公司
经　　销：各地新华书店
印　　刷：中国电影出版社印刷厂
开　　本：880×1230　1/32
印　　张：7.625
字　　数：130千
版　　次：2019年5月　第1版
印　　次：2019年5月　第1次印刷
书　　号：ISBN 978-7-114-14247-5
定　　价：45.00元

目 录

第三章 谈判力

第四章 营销力

第五章 领导力

第九章 辩论力

第一章　求职力

怎样说话，才能找到好工作

1

了解招聘需求，才能有的放矢

我和一个做人力资源的朋友聊天，他抱怨道：“每次招聘，都要在一大堆简历、一大群面试者中苦苦寻找需要的那个人，简直像大海捞针一样。要是有一个工作能力和个人才华恰好符合我们的招聘要求的人主动站在我面前，那我该省多少事呀！”由此我想到，求职者很辛苦，其实招聘者何尝不是很忙碌呢？如果求职者能主动去了解招聘需求，将自己最符合招聘需要的特点和才能充分展现出来，那无疑会让招聘方眼前一亮。

撒贝宁不是主持专业科班出身，却想从事主持工作。求职应聘时他这样介绍自己：“我毕业于北京大学法学系，我选择作为一名主持人而不是律师。不过它们的差别也不大。首先，大家的工作都是说话；其次，现场的嘉宾就是我谈话的对手，但是他们绝对不会像对方的律师一样动不动就站起来和你急；最后，就是都有观众。做律师，现场旁听的人里可能会有人恨你，但是做主持人，就没有什么机会招人愤恨。不仅如此，我还希望大家能够喜欢我。”他的自我介绍赢得了一致好评，也为自己赢得了机会。

如果撒贝宁这样自我介绍：我是北京大学法学系毕业的，学过什么课程，担任过学校哪些职务，他还能被录取吗？很显然希望不大，因为这些与主持人岗位的需求并不对口。而在撒贝宁的介绍中，我们可以看出，他首先对主持人这个职业进行了了解，而后找到了律师和主持人之间共通的地方，再用幽默的语言将自己口才好，适合在观众面前发挥的特点介绍给大家，最终赢得了机会。了解招聘要求，你首先要了解的就是你所要从事的职业的要求，这样才能有针对性地介绍自己、推荐自己。

张晓军去应聘，面试官问他：“能谈谈你对我们公司的了解吗？”张晓军回答道：“在来应聘前，曾和一些朋友打听过贵公司的情况。了解到，因为贵公司所从事的行业，工作节奏很快，所以公司对员工时间观念的要求十分严格，任何不守时的行为都是不被允许的。应聘过程中，通过和几位招聘人员的接触，更加印证了这一点。我很赞同这样的企业文化和工作氛围，因为我也是一个时间观念很强的人。而且我觉得，快节奏的工作才更能锻炼人，快节奏的企业才能创造高效率！”面试官对张晓军的一番回答很满意。

了解招聘需求，很重要的一点就是应该主动去了解一下你要应聘的公司的企业理念和企业文化。任何一个公司都希望能招聘一个认同自己的企业文化，适合自己的企业氛围的员工。张晓军在回答中，不但赞同了对方，而且巧妙地将自己时间观念强这一适合企业需求的特点表达了出来，更加坚定了面试官录取他的决心。

刘甜甜去一家大公司面试，面试官问道：“假如国外一家企业的代理人来我市寻找适宜的合作对象，作为公司的项目经理，请问你将采用什么样的方法赢得这个项目呢？”刘甜甜细想了一下，说出了自己对于项目的一些见解和合作的方法，然后说：“这是我以前在工作中惯常用的一些工作方法。但我了解到，咱们公司还有一些特殊的规定：第一，第一时间设法全面了解对方详细的背景资料，提交给公司领导，以方便公司领导最终做决定；第二，与对方谈判时，使用他们的母语或者英语进行交谈，以增加熟识感和亲切感；

第三，每次谈判结束后与同事分享谈判的资料，共同讨论研究。”面试官笑道：“看来你下了不少功夫呀，连我们公司项目经理的工作流程都掌握了！”刘甜甜说：“一来，是我确实十分想进入咱们公司，所以才会下这么大的力气；二来，我是觉得咱们公司的工作流程更加科学、合理，因此才会想要主动学习一下！”面试官对她很满意。

刘甜甜对招聘需求的了解更加深入，甚至已经细化到了解岗位的工作流程上了。而正是她的细心了解，让面试官看到了她为赢得这份工作所付出的努力。想要了解应聘岗位的一切信息，确实比较难，但通过各种条件，对你所要应聘的岗位做一个大致的了解，还是可以做到的。你这样去做，一方面会使面试官看到你想进入单位的决心，另一方面也能说明你的能力，让面试官更看重你。

我们经常说，求职面试要做到有的放矢、靶向应聘，可如果你不了解对方的招聘需求，怎么能做到这一点呢？由此可见，了解职业需求、公司的文化甚至岗位的具体要求，才能做到有的放矢，为你的求职成功打下良好基础。

2

求职不是求人，不能丢了自尊

前段时间，天津卫视的《非你莫属》出现海归女与主持人斗嘴的场景，掀起了关于求职与求人的大讨论。当前就业形势严峻，招聘时常出现某些应试者不被尊重的情况。其实，没有人可以无视求职者的权利，更没有人可以践踏求职者的尊严。对不尊重求职者的企业与个人，我们大可以义正词严地予以回应。

苏伟到一家韩资企业应聘，当推开老板办公室时，第一眼竟没看到老板。正当他脑子在快速运转时，突然传出一句蹩脚的中文："介绍一下你自己吧！"声音来自硕大的老板桌那边。细看，他才发现老板把椅子调得很低，懒懒地躺在上面，言语中充满了傲慢。苏伟见过傲慢的主考官，但是没见过像这样过分的。苏伟用韩语说了一声"对不起，我走错了”，然后转身就走。那老板见状，忙喊道：“你不是来应聘的吗？我就是老板。”苏伟一听，生气地对这位老板说：“您要是老板的话，就请调整你的坐姿再和我说话。”苏伟本以为这位老板会暴跳如雷，甚至让他滚蛋走人的。但是，老板却笑着说：“苏先生，抱歉，我的傲慢只是面试中的设计。你是唯一一个敢让我站起来的求职者，这说明你敢于向上级指出问题，我们公司就需要你这样的人。恭喜你，你被录用了！”

在现在的社会中，有健全的法律和道德的监督，没有谁一定要把自己放在委屈受辱的地位上。只要自己尊重自己，别人也必须尊重你。像苏伟这样的求职遭遇，我们常常会遇到。求职者一旦发现自己并不被招聘方尊重，就应提出正式的警告，无须担心会失去工作，因为企业要的不是“奴才”而是“人才”，求职者也不可能是“奴才”。苏伟也正是因为在“尊严”测试中敢于说真话，最终破除面试障碍，获得成功。

崔颖本是一位高级秘书，但因为公司倒闭只能另觅东家。在一次面试时，面试官说：“作为秘书，你知道你的职责是什么吗？”

崔颖愣了一下，出于礼貌，说：“是协助您和公司处理日常管理事务。”

面试官点点头，从抽屉里取出一本厚厚的《企业会计制度》，推开窗户，把书抛了下去。然后说：“把它捡上来。”

崔颖愣住了，不明白他为什么会这样做，便轻声问：“您这是什么意思？”

面试官答：“不知你是否记得多年前你多次拒绝过一位书籍推销员？”

崔颖摇了摇头。

“当年的那位推销员就坐在你的面前，我一直记得你拒绝我的神情。但是，我觉得你很敬业，我把书扔到楼下让你去捡，想再次检验你对工作是否认真。”

崔颖愤怒地说：“请你尊重一个人，这是做人最起码的。”

说完，崔颖欲转身离去。孰料，在门口撞到一个人。原来，他是人事经理，一直都在门口监听。他当即拦住崔颖说：“刚才，我都听到了，我决定聘请你。同时……”经理把手指向了面试官，说：“我要解雇你。”

求职并不是求人，找工作并不是找主人！作为应试者，应当完全把握自己的尊严，而不能让人任意凌辱。像上述例子里出现的情况，崔颖维护尊严的举动是尊重自己人格的本能反应。在对方挟私报复时，她当然要反抗，因为人不能放下尊严，摇尾乞怜地谋求一份工作。而最终的结果也证明：在求职面试中，如果你始终维护自己的尊严，敢于否定不尊重你的面试官，你就会受到更大的尊重。

萝丝是哈佛大学的学生，毕业后一直找不到合适的工作。后来，她终于发现有一家公司高薪招聘一名谈判代表。萝丝写了一份详细的个人简历，表达了自己对该职位的向往。两个星期后，萝丝收到了让她到该公司面试的通知。萝丝满怀着信心，来到公司，敲开了面试官的办公室。

一进门，萝丝就向那位面试官问好："您好，我来贵公司应聘谈判代表一职。"

面试官对萝丝的话置若罔闻，他莫名其妙地问道："萝丝小姐，你的简历我看过了，对你的情况我都比较满意。我现在唯一想问的是：你有什么宗教信仰吗？"

"是的。"萝丝说出了自己的宗教信仰。

面试官皱起了眉，不高兴地说道："你的宗教信仰和我们老板的宗教信仰不一样，这不好。如果你要来我们公司的话，你必须改变你的宗教信仰。"

“先生，我没有工作，却有尊严，我不会为了找工作就放弃了我的信仰，这是原则问题。”

说完这番话，萝丝就起身头也不回地朝办公室外走去。当萝丝拉开门时，那位面试官站起来说：“对不起，萝丝小姐，刚才那是面试内容。招聘谈判代表的唯一要求就是——在任何条件下都不能放弃自己的尊严。祝贺你，你被公司录取了。”

应试者千万不要为了就业而一味降低自己做人的标准，以迎合招聘方的要求。若非特殊岗位所需，用人单位以几近稀奇古怪的标准苛求求职者，实际上是对求职者人格的不尊重甚至伤害，求职者完全可以不服从。萝丝在面对有工作和没有工作的选择时，没有失去自己的尊严，宁愿没有工作，也不丢失自己的底线。正是因为她在任何情况下，都恪守自己的做人原则，具备高贵的人格操守和优良品质，才获得求职成功。

求职不是求人，话里不能丢了自尊。在刻薄、刁钻的面试官面前，应聘者一定要维护自己的尊严。面对不公正对待之时，要时刻保持一种不卑不亢的精神。很多公司不尊重应聘者，往往只是一种对应聘者的考验。如果真的连应聘的人都不尊重，那公司肯定也不是什么好公司，也就不值得一去。

3

面试求职，你懂得随机应变吗?

毛遂自荐的故事想必大家都听过，但对于其中的情节却未必都清楚。毛遂是战国时期赵国平原君的门客，当秦军围困赵国都城邯郸时，平原君奉赵王之命到楚国求救，毛遂便自己推荐自己，请求跟着一起去。可平原君根本没把毛遂放在眼里，还讽刺挖苦毛遂："我听说有才能的人不管到什么地方，他的才能就像锥子放在口袋里一样，锥尖马上就会破头而出，先生在我这儿待了三年，却没什么举动，你还是省省吧！"然而，毛遂却从容地说："问题是您一直没有把我放在口袋里，要不然我的才能早已像锥子一样全部露出来了，岂止是露个尖呀！"平原君一听，这个人的脑子反应够敏捷，便带上了他。

当平原君打比方贬低毛遂时，毛遂巧妙地借题发挥表明了自己没有施展才能的机会。一席话，让平原君选择用他。必须说，毛遂自荐的成功，不只是因为他的自信和胆量，更因为他具备随机应变的能力。在求职面试中，应聘者一定会遇到各种各样的难题，如果懂得随机应变，就能很好地迈向成功。

角色互换法

奥地利精神分析学家弗洛伊德的夫人想请一个女佣，她询问几位应试者有没有什么要求，那几位姑娘有的说要有休息日，有的说要有单独的卧房，有的问能否和主人一起上桌吃饭，只有一位姑娘悄声说道："我希望成为家庭中的一员。"弗洛伊德夫人听后大为感动，当即决定聘用这位姑娘。应试者受聘后能否与他人和睦相处，这是招聘官很关心的问题。如果应试者在面试中能恰如其分地表现出一种归属感，必定能取得好的效果。

这位姑娘在面试中并非多么突出，但她说的那句"我希望成为家庭中的一员"，却充分地说明了她的品质。她理解作为一个女佣，应当与雇主全家和睦相处，在心灵上与雇主达成默契，这样有助于形成良好的家庭氛围。事实上，招聘者招聘职员的目的，无非就是寻求工作上的合作者或者"好帮手”。只有那些对单位怀有强烈归属感的人，才能更好地工作。所以说，应聘时，求职者应多从招聘方的立场上考虑问题，如此，方能使招聘方心怀好感。

避虚就实法

2000年央视的主持人大赛，高手云集，如何在如此重要的大赛上脱颖而出，第一轮的自我介绍则是向观众与评委老师展示自我的最直接也是最好的方式。有的选手在台上高歌自己曾经取得的辉煌，有的选手畅谈自己的梦想。而有一名选手，个子不高，其貌不扬，不是播音主持专业科班出身的他，这样介绍自己："我毕业于北京大学法学系，我选择作为一名主持人而不是律师。不过他们的差别也不大，首先大家的工作都是说话；其次，现场的嘉宾就是我谈话的对手，但是他们绝对不会像对方的律师一样动不动就站起来和你急；最后，就是都有观众。做律师，现场旁听的人里可能会有人恨你，但是做主持人，就没有什么机会招人愤恨。不仅如此，我还希望大家能够喜欢我。"他用一种睿智幽默的语言赢得了满堂彩。后来他一路过关斩将，成了我们现在耳熟能详的名主持，他就是撒贝宁。

在高手如林的主持人大赛上，撒贝宁没有刻意回避自己不是主持人科班出身的事实，也没有大谈自己的理想。他首先总结法律专业和主持专业的共同特点：都注重说话，都有嘉宾，都有观众；然后，他用机智幽默的语言分析了二者的不同：主持人的谈话对象不会像律师一样和你急，主持人的观众不会恨你。撒贝宁的这一番避虚就实的话，既介绍了自己，又表达了自己对主持人职位的理解和热爱。他能赢得考官的肯定和观众的喜爱，应是情理之中的事。

有的放矢法

在一次求职面谈中，一家企业的招聘人员向一位女大学生问道："国外一家企业的代理人携巨款来我市寻找适宜的投资对象，你作为我市某中型企业的法人代表，请问你将采用什么方法赢得这笔投资？"这位女大学生略作思考，然后答道："第一，我需要了解对方详细的背景资料，例如，该公司的经营方针、项目、实力、已有业绩，当然也包括这位代理人的个人资料，最重要的是此次来中国的计划；第二，代理人来后，我应当与对方预约见面时间和地点，比如说可以通过电话，或与有关机构及个人联系；第三，与代理人商谈时，我应当使用他国的语言，以增加熟识感和亲切感；第四，这次行动不一定会成功，但是，我要尽我的所能给对方留下深刻而良好的印象，以期为下次合作打下基础。"面试官非常满意女大学生的回答，立即就录用了她。

面对考官的提问，女大学生明确地指出作为企业主管人员，在工作洽谈中，不但要做到了解自己，更要掌握对方的资料和信息。她不但详细说明了工作的内容，而且工作方式非常正确。她说的最后一点，也极为聪明。因为胜败乃兵家常事，做生意也不大可能总是马到成功。但是，做生意就要做长久生意，不能只顾眼前的利益。所以，就算商谈不能成功，也要给对方留下良好的印象，争取下次的合作。女大学生对应聘岗位的工作性质了解很深，所以回答得头头是道。因此说，有的放矢的求职面试，更显示出求职者随机应变的能力。

求职面试是公司对应聘者个人素质和综合能力的全面考查，应聘者在做好全面准备的同时，还要学会在面试过程中随机应变，不能僵硬死板，故步自封。只有这样，才能发挥自己的才华和能力，最终得到面试官的认可，获得自己心仪的职位。

4

答非所问，面试扣分

面试官：你喜欢销售吗？

求职者：我以前做过很多促销工作，有销售方面的经验。

面试官：你喜欢与人沟通吗？

求职者：我以前性格很内向，但是通过大学四年的锻炼，现在已经很外向了。

面试官：你如果得到了这个职位，你想从事多长时间，想从中得到什么？

求职者：我的理想是创业，希望以后有自己的事业，所以我想从这份工作中得到经验。

……

上面的这个求职者并没有明确回答面试官提出的问题，

传递的却是与之相关的不重要信息。而这种“答非所问”的现象，在面试时十分普遍。求职者最容易在一些简单的问题上答非所问，如此就给面试官留下不好的印象，最终，往往就导致求职败北。

陈明贤大学毕业后，就马不停蹄地来到一家物流公司应聘。负责招聘的面试官对陈明贤的简历表示满意，继而问他：“你觉得我们公司的发展前景如何？说说你的看法吧。”陈明贤因为急着找工作，根本没有想过这个问题，只好缓缓地说道：“其实我的看法并不重要，每个人都有自己的看法，重要的我想在贵公司上班，我觉得我可以为公司创造应有的价值……”面试官打断说：“我问的是你对我们公司在整个市场上的发展前景。”陈明贤好像还是没有理解面试官的意思，依然说道：“我的看法未必正确，很多人的看法也未必正确……”“好了，”面试官失望地说，“你回去等通知吧。”

面试中，主考官提出的问题过大，以至于求职者不知从何答起，是常有的事。面对这种情况，面试者一定要保持镇静。对于不太明确的问题，一定要采取恰当的方式搞清楚，并请求主考官给予更加具体的提示。每个人都不是全才，主考官也不可能要求应试者无所不知。所以应试者不必为自己的“无知”而烦恼，甚至感到无地自容。事情没有那么严重。千万不能因为自己不懂就回答得牵强附会，与其答得驴唇不对马嘴，还不如坦白承认自己不知道。

在一期《职来职往》中，长相酷似“小沈阳”的张超想求一个主持人的职位。但他的口语表达能力不达标，光线传媒的刘同便建议道：“我觉得你做主持人可能还有些欠缺，你可以考虑一下做幕后的工作，你会做一些幕后的东西吗？”张超回答说：“我会做剪辑和制作。”刘同又问：“那如果你未来彻底不做主持人了，你会难过吗？”张超突然转移话题说：“我们老师这样说过，其实主持人是个杂家。很多东西你都得涉猎。但是，我现在也存在着一些疑惑。因为有时候我觉得过多地涉猎一些东西，反而让自己有一些学艺不精的那种感觉。”刘同听了，觉得莫名其妙：“我没有太听懂你的意思。”而一边的来自新浪网的申晨，更是直接地说道：“从开始到现在，我感觉你都是在所答非所问。你好像听不懂别人说话似的，听不懂必然说不清。听不懂说不清，就与人无法正常沟通。无论你做什么职位，只要是在职场上，无法正常沟通，一定是一个大的硬伤。”最后，十八盏灯全部熄灭，张超求职失败，遗憾离场。

面试当中，求职者肯定会对自己渴望求得的职位或者自己熟知的东西讲述得更多、也更愿意谈。但是有些时候，面试官难免会问你一些别的问题。就比如张超，他可能不适合当他最希望当的主持人，但刘同已经给他指明了另一条路（做幕后工作）。不过，由于张超特别喜欢当主持人，所以对刘同的提问根本不在意，而是继续谈着怎样当一个主持人，以及主持人应该具有哪些条件等等。如此答非所问，最后失败也就在情理之中了。在面试中，如果为了讲自己喜欢讲的东西而对面试官的问题答非所问，就会自讨苦吃。

胡小伟原本是一家大型企业的部门主管，由于和上级领导发生了矛盾，最后被辞退，灰溜溜地走人了。之后，胡小伟去一家小型企业应聘。接受胡小伟面试的是企业老总，老总对他的工作经历很赞赏，在言语中还流露出渴望录用他的信号。出于关心，老总最后问道："你的业绩做得很好，他们为什么要辞掉你呢？"胡小伟不想提起自己与领导发生冲突的事，就说："他们在同行中应该算一家很不错的企业，但对中层领导的管理却非常不到位。这些年来，我一直勤勤恳恳地做事，业绩也做得不比别人差，可他们说辞退我就辞退了我。他们的制度太不合理了。"老总越听越觉得不对劲，便提醒道："我问的是他们为什么要辞掉你呢？"胡小伟愤愤不平地说："其实不用他们辞退，我迟早也会离开的。在他们那里干，不可能有好的发展。"听到这里，老总突然改变了自己最初的想法。因为他发现，胡小伟根本无意回答他的问题。

很显然，胡小伟给老总的回答没有答在"点"上。老总需要知道的是胡小伟为什么被原公司辞退，胡小伟不想说自己是因为跟领导吵架而被辞退的，所以不肯正面回答，而是故意绕开话题，细数了原公司的种种不足，话语中满是对原公司的不满情绪。而这最终让面试老总对他产生了质疑，最终不敢录用他。所以说，求职面试时，你不能因为不想回答面试官的问题，就故意说另一件事。别人说东，你偏要说西，这样的做法，是不可能令面试官满意的。对于考官来说，他只想知道他想知道的，他不想知道的你说了也没有意义。

前段时间，某招聘网站针对"HR（人力资源经理）不能接受的求职者个性行为"进行调查，而"面试时答非所问"就是其中一项。可见，在求职面试中，如果答非所问的话，不管有意无意，都将会产生非常不好的影响。我们必须改掉这个毛病，这样才有助于我们求职成功。

5

面试犯错，该如何补救？

面试过程中，由于紧张、恐惧，难免会出现一些失误。有些面试者，当发现出错后，紧张情绪又会加剧，导致接下来的面试效果越来越差。其实，面试过程中的一点点小失误并不可怕，只要及时采取补救措施，问题就会迎刃而解了。

以正改错

在北京一家房地产企业做设计师两年的朱强，去广州恒大地产参加面试。面试过程中，在说到自己负责施工的一幢写字楼时，朱强由于紧张，一时口误，把楼层层高多说了40厘米，结果招致许家印步步紧追："我刚默算了一下你所陈述的数据，你所设计的这栋楼有68层，比其他楼多出了27米多，该多出多少个楼层？你设计的可能是北京成本最高的写字楼！可你刚才还在说自己很擅长成本控制管理。"这时朱强意识到自己的错误，马上真诚地说道：“对不起，我刚才因为口误说错了。正确的应该是没有高出40厘米，您可以看看我的方案里写的就是我本来的数据。”许家印见朱强面试虽有漏洞，但是，态度较好，真才实学也摆在上面，便录用了他。

面试时，应聘者答错了问题，如果面试官发现有漏洞，揪住不放，应聘者不妨干脆实话实说，面试官了解事实后，也就不会继续追问下去了；即使面试官继续追问，你也会答得合情合理。所以说，面试中，面试者如果意识到自己出错了，就要诚实地加以纠正，不能为了面子而置之不理，而应按正确的讲法再讲一遍。假如是语句不通、词不达意、口误等原因造成的失误，只要很自然地加以纠正，会得到面试官的理解的。

化错为正

2005年，柳岩报名了“猫人超级魅力主持秀”。面试时，考官问：“你之前已经在全国多家知名电视台做过主持人，现在到我们这里做记者，你不觉得屈才吗？”柳岩答道：“年轻人都想在一个更高的舞台上发挥自己所学的专业知识！假如单位不能提供一个平台来让我们的实力得以展现，那么在我看来这是一种人才浪费现象。”话刚落地，柳岩就意识到自己说错了。她原本想说的是，如果人不能在高处就业，择业观念就需要改变，但是在回答时却跳过去，说歪了。正当面试官面露惊讶之色时，柳岩赶紧补充道：“正常的就业秩序当然是能者居之，然而，职场里偶有的那种高能低就，看似人才浪费的现象，更能激发我们年轻人的奋斗欲望，增加我们的基层实战经验。”柳岩这句话，给考官留下了深刻的印象，遂顺利地进入了光线传媒。

当面试出现错误后，如果面试者能够针对自己的失误，进行一番合乎情理的阐释，并能自圆其说，也不失为一种有效的补救办法。其实，柳岩式的口误在面试中很常见，如果面试者在面试时，说出的答案与心中想的截然相反，也没有必要紧张，只要把“口误”作为一种观点好好阐述，就不会太难堪，甚至效果还可能出奇的好。因为考官要的就是应聘者的能力和智慧。所以，应聘者在面试遇到危机时，要镇定自若，尽自己的最大努力见招化招。

续错成正

2010年，在欧盟使团工作7年的华春莹报名参加外交部欧洲参赞一职的竞选。主持这次面试的是外交部“金花”姜瑜，她问华春莹：“作为驻欧外交官，对国情必须了解透彻。对党和国家而言，预防和遏制腐败问题，是当下头等大事。对此，你怎么看？”华春莹整理了一下思绪，答道：“腐败分子就像一条条蛀虫，如果不果断剿除他们，不仅会蚕食掉改革开放以来的胜利果实，还有可能亡党亡国。”紧接着，华春莹准备画龙点睛说“我们怎能允许这种现象存在下去”，怎想，情绪一激动，她竟说成了“我们能允许这种现象存在”。姜瑜吓了一跳，华春莹却灵机一动，调整了一下语调，接着说道：“那就是对人民的犯罪。”姜瑜见华春莹如此机敏，便给她投了通过票。

面试官和面试者并非“敌人”，面试者犯错，面试官一般也不会去全盘否定他，所以，不必过于紧张。在纠正错误问题时，面试者还可以采用调整语意、改换语气的方法。只要能反应敏捷、应变及时，就可以获得一个比较完美的效果。华春莹回答面试官的问题时，本想批判腐败现象，结果说漏了一个字，表达的意思完全相反。这种错误本来十分严重，但大心脏的华春莹并没有方寸大乱，而是续错成正，将错误弥补得天衣无缝。

借错促正

2012年，赵薇筹拍《致我们终将逝去的青春》。星城娱乐推荐杨子珊担任主演，赵薇便邀请她来面试。一见面，赵薇就开门见山：“子珊，你长相方面挺符合我们的要求。但这是一部青春生活气息很重的电影，我想了解一下，离开校园后，平常你最爱的活动是什么。”“我最喜欢睡觉。”杨子珊话刚说出口，就知道这样答很不应该，但她立即补充道：“赵薇姐，你是过来人，应该明白我的意思。我爱睡觉，是因为平时工作时间不固定，加上身体底子差，容易疲乏。所以，我平常充分利用闲暇时间休息，是为了在拍摄时，百分之两百发挥，完成导演交给我的任务。”赵薇被杨子珊的真诚与机灵所打动，更加坚定了选她做女主角的决心。

面试时，很多应聘者在感知到招聘方释放的好感后，经常会放松警惕，从而出现错误。面对赵薇的提问，杨子珊竟然说自己最大爱好是“睡觉”。本来，这是一个“自掘坟墓”的回答，因为这个答案不仅无法展现她与电影内容相符的气质，更容易让人看到她慵懒的生活作风。可是，杨子珊并未慌张，不仅自补错误，而且还借助错误促成优势，用温情的言语，委婉地展现了自己的毅力，最终“逆袭”成功。

面试是一个变化多端的“战场”，情况瞬息万变，所以，出错在所难免。如果不想让错误毁了你的求职，那就要求你不但要在面试前做好充分的准备，还要尽可能多地掌握好几种出错后的补救方法。只有培养自己的应对突发问题的能力，才能在面试中如鱼得水。

第二章　升职力

升职加薪，不会说怎么行

1

想成长，就丢掉这些借口

在职场中，总有些员工在遇到问题时寻找借口，企图通过借口来逃避责任。殊不知，他们越是这样做，就越不可能成长。借口多的人成长最慢。在成长过程中遇到问题，明智的做法是把想发泄的情绪引向问题而不是引向别人，把能量聚焦到想办法上而不是找借口上。

没有指示

1901年，美国历史上出现了第一个年薪百万美元的高级打工仔——查理斯·施瓦伯。

施瓦伯只接受过短期的学校教育，18岁就到了钢铁大王卡内基所属的一个建筑工地打工。当其他人在抱怨工作辛苦，因薪水低而怠工的时候，施瓦伯却默默地积累着工作经验，并自学建筑知识。很多同事看到施瓦伯废寝忘食地工作，忍不住说："老板又没有指示，你何必自己找罪受呢？"施瓦伯却说："我想我们公司并不缺少普通员工，缺少的是既有工作经验又有专业知识的技术人员及管理者。我总在想，我不光是在为老板打工，更是在为自己的前途打工。这样对我对公司都有好处的事，何必要老板指示了才去做呢？你别忘了，咱们都是这里的一分子。"施瓦伯的努力没有白费，25岁时，他就成为这家建筑公司的总经理。

身在职场，你必须永远保持主动率先的精神，在领导未下达指令时，积极思考，主动寻找自己应该做的事。如果能做到这样的话，纵使面对缺乏挑战或毫无乐趣的工作，你终能最后获得回报。当养成这种自觉自发工作的习惯时，你就有可能比别人更进一步获得职业生涯的成长。施瓦伯之所以那么年轻就成为建筑公司的总经理，是因为他不但和别的同事一样上班，还在没有领导指示的情况下，通过多做事来帮助公司并提高自己。

我不想做

2001年，学西班牙语的克丽丝在大学毕业后进入休斯公司，做企划宣传工作。休斯公司的老板很快就发现克丽丝善于交际和沟通，于是决定调她到市场销售部。克丽丝做企划宣传做得很不错，突然被调去从事不熟悉的工作，感到无法接受，拒绝道：“我学的是语言和艺术，想做的还是跟专业对口的工作，不想做销售。”老板笑道：“我发现你有做销售的能力，也有经营与管理的潜力，你为何不去试试呢？如果你只是在这做企划宣传，永远就只会这一个技能啊。但如果你还会做销售，你就会拥有更多的技能啊！”这话让克丽丝感触颇多，她仔细想过之后，最终接受了这个挑战。虽然她刚开始并不太爱做销售，但还是努力地去学习和工作。最后，她的成长越来越快。

“我不想做”就像一个咒语，存在于一些员工的脑海里。总是这样想的人，思维就会停顿下来，行动就会迟缓下来，态度就会懒散起来。潜能开发专家罗宾指出：要完成一项任务，首先要给它开个好头。这个道理就像万有引力定律所描述的那样：若无外力影响，一个运动着的物体将永远运动，一个静止的物体将永远静止。当我们接到任务，我们首先要让自己行动起来，一旦开始，惯性会推动着我们朝前迈进，就不会抱怨说不想做了！

这不可能

萨克斯顿在著名的传播机构贝尔·霍韦公司任职时，

主要负责对公司众多分支机构开展协调工作。他发现：公司旗下的维尔丁电影制作公司一直在亏损，公司的领导层对此十分烦恼，却又束手无策！老板要求大家拿出一个解决方案，几乎所有的员工都说："这不可能！"萨克斯顿也知道任务艰巨，但不像同事们那样彻底放弃，而是利用每天晚上的休息时间，着手开展工作。他设想了一个具体的市场开拓计划，建议维尔丁公司卖掉电影制片厂，将业务集中在咨询顾问及推销新产品上，并拟定了一份策划书。当他把完成的策划书交给老板时，老板惊喜不已，不但对他的方案大为赞赏，还当即提拔他为维尔丁公司副总裁，主管市场开拓。没多久，他就让维尔丁电影制作公司复兴了。

当同事都认为改变亏损不可能时，萨克斯顿却主动利用自己晚上的休息时间，着手制定解决方案。这样尽心尽力、不找借口的员工，老板能不提拔吗？所谓的"不可能"往往只是我们个人的主观认识，更多的时候不过是我们推托的一个借口。你觉得不可能，是因为没有尝试去做而已。有一句老话说："看看乌龟，只要它伸出脑袋，它就会一直往前爬！"我们需要树立持续前进的信念，且不能因为有难度而停止，就如同一只持续前进的乌龟一样。

没人帮我

2008年，当威斯特向手下部署工作任务时，麦克说自己要研发一种新的软件。威斯特便将这个重任交给他，并承诺给他六周的时间。但是，经过了六周的时间后，麦克的任务却没有完成。当威斯特质问原因时，麦克叫屈道："先生，我真的付出了很多，可我一个人无法完成，公司里也没有人帮我。"威斯特皱眉道："想想看：这是你自己的目标计划，为什么要人帮你？如果真的需要帮助才能完成，而你客观上得不到这样的帮助，那只能说明你的计划不成熟，缺乏可操作性。"麦克尴尬不已，但对威斯特的话进行了反思，认识到自己努力不够，没人帮忙只是一种借口。接下来，麦克用了不到三周时间就完成了任务。

当你说"没人帮我"的时候，是不是意味着自己没有足够的能力胜任工作？如果你负责的事情出了问题，责任是你永远也推不掉的，与其在事后把"没人帮我"作为借口，为何不在接受这件事情前就提出来？一个没有独立意识的人，永远只能活在别人的阴影里。而一个没有自助精神的人，也不可能获得事业上的成功。有句话叫："天助自助。"如果你把这句话记在心中，付诸行动，那么这句话的力量之大将超乎你的想象。

在职业发展生涯中，成长是最主要的命题。如同蝴蝶不能拒绝破茧的疼痛，如同雄鹰不能拒绝风雨的洗礼，如同凤凰不能拒绝烈火的焚身，我们也同样不能拒绝成长。如果遇到一点点不如意，你就找借口推脱工作，那你就永远也得不到成长。

2

不要开公司的倒车

公司就像一辆车，所有的员工齐心协力向前推，这辆车才能跑得更快。可有一些人，不但不往前推，反而随心所欲地说话，打击他人“推车”的热情。这样的人是在开公司的倒车，必将被公司所淘汰。

领导讲话鼓舞干劲，你乱发牢骚唱反调

王欣在一家企业做技术工作，业绩一直不错，可就是因为说话随心所欲而不招人待见。一次，公司要整理库房，因为人手不够，部长就号召技术部的年轻人一起过去帮忙。部长说：“虽然这不是咱们分内的工作，但公司就是咱们的家，为家里干点儿活儿还分什么分内分外！”大家听后热情高涨。可王欣却边干活儿边发牢骚说：“领导为了让咱们干点活儿，净拿好话忽悠咱们。什么公司是我家？公司挣了

钱，那是老板和股东们的，跟咱们这些小兵有什么关系？去年公司股票大涨，也没见给咱们分红。”周围的同事听了这番话，干劲没那么足了。后来，这些话传到了部长耳朵里，部长对王欣更加不喜欢了！

部长鼓舞大家，可王欣却在背后唱反调，导致大家的工作积极性降低了。这对他有什么好处呢？领导又会怎么看他？在公司，为了鼓舞干劲，领导经常会说一些激励大家的话，可有些人却为了显示自己的小聪明，总愿意跟领导唱反调，挑领导话里的毛病。这样的行为，首先便是对领导的不尊重，是在开公司的倒车，会影响大家的工作热情，不但对公司无益，也会影响你在领导和同事心中的形象，影响自己的前途。

新官上任三把火，你毫无根据瞎议论

某公司聘请了一位有世界五百强企业工作经验的海归博士担任生产部经理。新经理一上任就大刀阔斧地改革，想把国外的先进管理经验带到生产管理中。有一些人对此不理解，如在生产部工作多年的张峰就说：“现在的年轻人，以为喝了两年洋墨水就无所不能了。外国那一套适合咱们企业的情况吗？他了解企业吗，净瞎改革！”同事说：“你既然觉得改革不妥，为什么不去找他提意见。”张峰说：“人家新官上任，刚想大展拳脚，我就给人提意见，不是给人上眼药吗！他瞎指挥我就瞎干呗，反正干不好也是他的责任！”本来新来的经理对张峰这位经验丰富的老员工还是很看重的，可风闻了他的话后，便觉得此人不值得信任。

对领导的改革措施有意见，大可以当面向领导提出来，可张峰却毫无根据地在背后议论领导，并主观地认为领导不肯听意见。这样既影响了同事对部门改革的信心，也败坏了领导的形象，于公司无益，也影响了他自己在领导心中的形象。新领导上任，往往希望给公司或部门带来新气象，因而喜欢放“三把火”，也是为了推动公司发展。你切不可毫无根据地瞎议论，影响公司的工作，开公司的倒车。

公司已经决定要推进的工作，你为一己私利乱批评

某公司的发展遇到了困难，经该公司高层领导研究，决定派出一批销售精英开拓二线城市市场。在领导征求意见的时候，任大同对此并无异议。可当领导做了决定后，任大同才知道自己也要被派遣到外地去。于是，在一次会议上，他说：“我们的产品一直定位在高端人士，二线城市消费水平整体偏低，把工作重心转移，会不会太冒险了？我觉得还是

应该把大多数的销售人员留在大城市，二线城市可以先派一小部分人过去试试水。”领导冷冷地说：“当初征求意见的时候你怎么不说这些话？现在公司已经做了决定，前期的资金也已经铺进去了，你却让我们改决定，你什么意思？要是你不想去，我们可以派别人！”任大同尴尬地低下了头。

有意见，应该在领导征求意见的时候提。现在公司已经做了决定，大家本应该齐心协力地推进这项工作，可任大同却为了一己私利在这个节骨眼上提出批评反对意见，岂不是在反对公司的决定、阻碍公司工作的开展？在公司，不是不能提反对意见，可当公司已经做出了某项决定后，当某项工作已经开始进行时，你应该做的是积极推进、多提建设性的意见，而不能为了一己私利批评反对。

公司已经颁布的规章制度，你不顾大局带头反对

某公司颁布了新的考勤制度，要求所有员工必须在早上九点到公司打卡签到。方成玉是销售部的老员工，一次和同事们一起吃饭，方成玉说：“谁都知道，咱们干销售的没个准点，以前不要求咱们考勤，有些人确实早上来得晚一些，可咱们经常为了拜访客户而忙到很晚，怎么不说呀？现在要求咱们必须早上九点到单位上班，这合理吗？那晚上我们是

不是也可以不管有没有客户，都五点正常下班呢？要我说，咱们销售部的人就应该团结起来，抵制这个制度！”后来，领导听说这些话，找到方成玉说：“公司刚颁布的制度，你作为一个老员工却带头反对，还有没有点大局意识？还联合抵制？制度就是制度，谁违反就处罚谁！”

公司的制度都不是随便推出的，每个人都应该认真遵守。特别是当新制度刚出台时，总会有些人感到不适应。越是这个时候，我们便越应该带头遵守，使这些制度能顺利推行。而方成玉作为一位老员工，却在同事聚会上公开批评新制度，并想联合大家一起抵制，这分明是在开公司的倒车。这首先便是一种没有大局意识的表现；其次，当触犯制度时，也会使自己受到处罚，得不偿失。

你在职场说的每一句话，都能反映你的精神状态，反映你的工作态度。因而，你说出的每一句话都要深思熟虑，至少不能开公司的倒车，否则很可能因为一句话而葬送了自己的前程。

3

解释，都是无谓的

契诃夫的短篇名著《一个文官的死》讲述了这样一个故事：三品文官切尔维亚科夫去剧院看戏，其间，他突然打了一个喷嚏，唾沫星子喷到在前排的勃利兹查洛夫将军的身上。切尔维亚科夫怕将军生气，所以马上解释说自己是不小心的。尽管将军根本没有介意，但切尔维亚科夫还是没完没了地解释。将军请他不要说话，别妨碍大家看戏。但切尔维亚科夫非常害怕，第二天又去找将军解释。将军说他早忘了这事了，请他别再前来打扰。但隔天切尔维亚科夫又来了，还一直解释来解释去，这下终于惹恼了将军，将军愤怒地叫他“滚出去”。胆小怕事的切尔维亚科夫被这么一骂，最终给吓死了。

本来没有什么事儿，可切尔维亚科夫却没完没了地解释，最终惹烦了长官。对于这样的结果，只能说他咎由自取。记得李开复曾经在一次演讲中说过这样一段话："我不明白，为什么有的人把时间花在多此一举的解释和分辩中，难道你们的时间很充足，可以用来浪费吗？老板要的只是一个结果，至于过程怎样，对他来说没有意义。"这段话是在批评那些喜欢向领导进行无谓解释的人。但是，我们身边这样的人还真不少。

汇报工作时，没完没了地解释，掩饰自己的无能

"李明义，你负责跟进的那个客户怎么样了？"老总问。

"别提了，这个客户太难对付了，我用尽了各种招数，可他却是油盐不进。总是提出各种各样的问题，我解释完一个问题，他又提新问题，好像故意在刁难我。这样的客户，实在让人头疼。"李明义诉起苦来。

"我问你现在是什么结果，进展到什么阶段，不是要听你诉苦。"老总听完李明义的诉苦不仅没有一句安慰，反而给予了批评。

"我实在是尽力了，从来没遇到过这么难缠的客户……"

李明义还要说，老总却打断了他："不要说了，这个客户我换人跟进，你出去吧。"

李明义为什么受到了领导的批评？领导找他了解工作，只是想知道结果或工作进度，而李明义却没完没了地解释，过多地说客户的不是，给老总的印象就是在为自己的无能做掩饰。哪个领导有时间听员工长篇累牍的汇报和解释呢？如果每个员工在汇报工作时都喋喋不休地说个没完，领导一天到晚什么事情都不用干了。所以，在汇报工作时，只要领导没问其他的，你只汇报结果就可以。

出现问题时，没完没了地解释，推卸自己的责任

辛鸣在处理两位违反纪律的学生时，由于方式不正确，引起了家长的不满，家长来学校要说法。校长找到辛鸣问："现在学生的家长在我办公室呢，你说怎么办？"辛鸣说："这两个学生我早就烦透了，严厉批评他们不在乎，耐心讲道理他们不听，搅得班级里乌烟瘴气，我没有办法，让全班学生投票，选举最讨厌的学生，只是想让他俩通过这种方式知耻后勇。我也是为了他们好。"校长严肃地说："到现在你还没认识到自己的错误吗？我不听你在这解释，只想问你学生家长现在在我办公室里等待说法，你是不是该去向他们赔个不是呢？"辛鸣说："是他们的孩子不好好学习，我履行班主任的指责管教他们，这是为他们的孩子好，还要我道歉？怎么有这样不明事理的家长。以后我还怎么管学生。"

校长生气地嚷道："不要说这么多废话，跟我去办公室。"

辛鸣在管教学生时选择了错误的方式，导致了问题的出现。出现问题，他不仅不反思自己的错误，反而在校长面前百般解释、推卸自己的责任。这样的做法，校长自然会生气了。校长生气不是因为他犯了错误，而是因为他面对错误的态度。很多人犯了错误，使工作出现了不好的结果，却不去检讨自己，反而找各种借口和理由来推卸自己的责任，这样的员工没有一个领导会喜欢和重用。

反映情况时，没完没了地解释，只为满足自己的要求

局长找程海涛了解比赛筹备情况，程海涛说："进展还算顺利，但我最担心这次比赛想做得多圆满多成功很难，估计可能还不如上一届的效果。"局长说："比赛还没开始，你怎么能下这断言，你是筹备负责人，你竟然没信心办好，那干脆别比赛了。"程海涛忙解释说："局里这次批的是30万元的活动经费，和上次比赛的经费是一样的，可是现在各方面花费都比以前高，宾馆的住宿费提高了，几个局领导点名邀请的评委的费用也不低，租车、买各种用品这也是一笔很大的开支。"局长说："你说这些有什么用，是想让局里多批一些钱吗？"程海涛说："是的，有足够的资金做

后盾，我保证能办一届反响极佳的比赛。”局长说：“资金要是充裕，谁都能办好，要你干什么。就这些钱，你必须办好，如果你不能保证办好，早点说出来，走马换将。”程海涛哑口无言了。

程海涛反映的情况确实是实情，但是和局长说这些话没有任何意义。局里不可能因为你的几句解释，因为你自己的工作存在困难就更改计划。有困难你去克服，向领导反映只能说明你没有尽心尽力去克服自己的困难，只想让单位出面解决，你坐享其成。所以，在向领导反映情况时，切不可夹带私心，强调和夸大自己的困难，以求领导相帮。再说即使领导帮了你，事情成功了，那也不是你的功劳，领导也不会为你记功。相反，你能勇于克服自己的困难，不给单位添麻烦，又能胜利完成工作，无疑是大笔给自己在领导心里加分。

在领导面前，请少些不必要的解释，你需要拿出自己的决心、拿出自己的实际行动，尽心尽力地、出色地完成工作。无论你解释得多么漂亮，都无法掩饰你的苍白与软弱。你不想去做的事，或者你没有信心去做好的事，你可以找出一万个理由去解释去推托。但要知道领导看的是结果。朋友，你给领导什么结果呢？

4

领导不会骗你

随着《欢乐颂》的热播，蒋欣凭着樊胜美的角色，又火了一把。但鲜为人知的是，蒋欣透露自己最初曾拒绝扮演樊胜美，因为她觉得曲筱绡的脾气更合她的胃口，而演樊胜美却会费力不讨好。但是导演孔笙却看好她来演樊胜美，并说："你好好看一看剧本，几个女孩中，樊胜美恰恰最有挑战性。她有很多面可以塑造，仗义、善良、温暖、有一点小聪明。我觉得你演这个是最合适的。"蒋欣有点怀疑地问："真的吗，导演？"导演说："我没必要骗你，我就是想给你最合适的角色，这样你演好了，整个戏才会好，不是吗？"经过孔笙的开导，蒋欣终于按照导演的话去做了。而且，最终她演的角色非常受欢迎。

樊胜美的故事，让我联想到了一种职场上的现象，那就是当领导安排给你那些不容易完成的工作的时候，你会不会觉得领导在欺骗你干事？我相信很多人都有过这种想法。但是，我要说这是一种错误的理解。领导不可能针对你，也不可能故意要欺负你，因为领导的终极目的，都是把工作做好，而要把工作做好就要靠员工，所以领导根本没有理由欺骗员工。

一家文学杂志社想要追随时代的脚步，推出网络版。主编把这个计划跟几位老编辑讲过之后，老编辑们却都推说自己做不来。其实是他们都只想稳稳定定地编稿，不想冒风险：文学杂志本身就发行量不大，文学杂志做网站做成功的也不多。领导后来找到新编辑周星，说："虽然大家都不愿意去做网站，但目前纸质媒体都在走下坡路，网络才有未来，你如果去做网络，以后就会更有前途。"周星跟那些老编辑不一样，他听从了主编的话。随后，他把主要精力用在了网络建设上。虽然刚开始的时候，他好像没有了稳定的工作，但不到两年时间，他就把网站做得风生水起，主编论功行赏，他不但得到升职，年薪也极速增长。

当领导交代那些看似没有好处的工作给你的时候，你不要觉得领导是在忽悠你，进而推三阻四，避之唯恐不及。其实，领导的眼光和决策往往是高于普通员工一等的，领导认为的有前途的事往往是对的，而选择让你做，往往是看得起你。因此，你还能以别人都不愿做为由，而不去做吗？俗话说，今天做别人不愿做的事，明天就能做别人做不到的事。

有一次，新东方需要一个关于投资收益回报的财务分析模型，俞敏洪找了一个部门去做，结果半年都没有做出来。俞敏洪急了，把这项工作交给了财务部。财务部领导安排赵尔迪去做，并规定一周时间内完成。当时，赵尔迪心里很郁闷，觉得难度太大了。但财务部领导说："正因为别人都做不好，如果你做出来了，就证明了你的能力。而且，这期间你的能力肯定也提高了，不是吗？"赵尔迪觉得领导说得有理，就开工了。在没有任何思路任何数据资料的前提下，他潜心下来做事，并最终顺利做了出来，不但得到了俞敏洪的赞赏，更重要的是他发现了很多问题，学到了很多经验。没过多久，他就被提拔为新东方教育科技集团助理副总裁。

职场上，领导让你做别人做不到的事，说可以让你的能力得到提高，千万别以为领导是在欺负你。比如赵尔迪后来就表示很感谢财务部领导的开导，也感谢自己选择了没有任何借口的接受。尽管那段时间他几乎每天都是零点以后睡觉，但看了很多参考书，学到了很多知识。这对他以后的职场发展，起到了不可估量的积极作用。

领导不会骗你，因为没有这个动机。领导交代给你一些不容易做的工作，无非就是想要培养你、锻炼你，让你的能力和水平得到提高，因为只有当你变得更优秀，公司才会更受益。

5

职场，有些真话不能说

有些事，只能做，不能说；有些事，只能想，不能说。有些事一旦说出口，被摆上台面，就可能应了一句话——祸从口出。职场中，有一些真话，只可意会，不可言传，一旦说出来，就会有副作用，就会为你惹来麻烦，让你的职场生涯受阻。那么，哪些真话是最不该说的呢？

这是我应得的！

在杰米公司年终大会上，艾玛因为项目做得很成功，业绩突出而受到了表彰。艾玛登台领奖，激动地表示："谢谢领导对我的肯定，我知道有付出就会有收获。我为这个项目付出了很多，现在做成功了我很高兴。我觉得，这是自己长期的努力终于得到了肯定……"艾玛领完奖之后，以为大家都会来向他祝贺。但事实是，大家根本没有对他说什么，而且，从此还有意无意地疏远了他。他回到家，告诉妻子克丽丝这件事。克丽丝对他说："你怎么都不感谢一下大家呢？"艾玛说："这个项目主要就是我自己做的，这个奖也是我应得的。我这么说，有什么不对？"克丽丝说："你说的也许是对的，但是你这样就等于说这个项目都是你一个人的功劳，与别人没什么关系。别人看到的是你的自大和自私，能高兴吗？"

艾玛明明说的是心里话，为什么却让大家不爽呢？其妻子克丽丝说得对，"这是我应得的"流露出来的都是你的自大和自私。大家都知道，你说的是心里话，但说出来的结果是：主管不高兴了，他对你的指导没意义吗？同事不高兴了，团队合作不重要吗？公司领导不高兴了，公司的策略不正确吗？其他部门的人也不高兴了，协作部门的支持能忽略吗？所以，即使你不感谢团队，也绝不能只感谢自己。

你在职场上交不到真心朋友

卢克和科尔大学毕业后，一起来到《美国之心》杂志社当编辑。因为编辑部是竞稿制度，所有编辑都在暗地里较着劲。有一天晚上，卢克在办公室里不无伤感地对科尔说："我今天向胡梅尔斯请教一个问题，结果他百般推脱，说自己很忙，没有时间帮我。我真的很失望。平常我对他也够义气了啊，帮他校对，帮他打印稿件，难道这对他还不够好吗？我把他当朋友一样对待，但他却根本没有把我当朋友啊。”科尔说：“你没有听过一句话吗？在职场上交不到真心朋友！你以后别指望大家真心帮你，做事我们只能靠自己啊。”他们的对话，被一个同事无意中听到了，这个同事又告诉了别的同事。于是，大家以后都跟他们两人保持着距离。最终，无法融入集体的他们只好卷铺盖走人。

大发“你在职场上交不到真心朋友”这样的感慨，只会被认为是个稚嫩的小朋友。这话是对是错，本身就值得商榷，即使你认为是对的，也不应该说出来。关于朋友，任何理智成熟的职场人都明白三个道理：一、真心朋友难求，朋友却不可少，单打独斗的个人英雄难免会陷入孤立；二、交职场朋友就如同开了个感情账户，人与人的每一次交往就像存款和提款，收支平衡对每个职场人都至关重要；三、职场朋友中，利益的成分越少，朋友的纯度越高，除此之外，别无他求。现在你觉得在职场里难求真心朋友，一开始错的就是你自己。

我不在乎

露丝家庭条件比较好，所以上班时总摆着一副无所谓的样子。由于上班经常迟到，主管找她谈话："露丝，你这样经常迟到可不太妙。"露丝说："我的家离公司这么远，每天开这么远的车真的很不方便。"主管说："我理解你的难处，但咱们是一个公司，公司都有自己的制度。对于经常迟到的员工，公司会有处罚机制。"露丝问："这也处罚啊！怎么处罚？"主管说："根据公司的规定，迟到一次扣款二十美元。"露丝不屑地说："我来这上班主要就是为了学习经验，这里的工资本来也就那么一点点而已。我根本不介意这点钱，扣个二十块随便扣吧，我不在乎。"一句话，当时主管就愣住了。后来没多久，主管就辞退了她。

也许露丝真的不在乎，也许对她而言，工作不过是一种消遣，职位不过是一种装饰。但只要一个人还身在职场，就别说自己不在乎。你得在乎薪水，这样老板才能控制你；你得在乎职位，这样上司才能激励你；你得在乎绩效考核，这样才够积极；你得在乎公司利益，这样才够专业……等到大家都满意了，你心里在乎与否真的就没有人在乎了。心里不在乎，是你内心的踏实与骄傲，嘴上不在乎，则会被解读为虚伪或幼稚。

这不公平

雷斯特公司的一个办公室准备提拔一位副经理，大卫和史密斯是最有希望的人选。大卫是个老资格，在办公室待了三年了，而史密斯虽然刚大学毕业，但做事认真，业绩突出。后来，在任职会上，老板雷斯特说："经过决定，我觉得，副经理应该由史密斯……"大卫一听是史密斯，非常不满，他直接就打断老板的话说："这不公平！我比史密斯来的时间长，业绩也不比他差，为什么选的是他而不是我？难道就因为他平常懂得去您屋里请教问题吗？我是不喜欢去找您，因为我觉得那是溜须拍马。"老板怒道："你要是觉得不公平，你现在就可以走。我话都还没有说完，你就打断了我。我本来想说副经理应该由史密斯和你一起担当，现在看来，没有这个必要了。"大卫听后，尴尬不已。

著名学者普赖斯说："在职场和我们的星球上，不公平的事情每天都在发生。无论这是不是职场的弊端和这个星球的严重问题，避免这类用语的要点在于，应表达积极主动的态度而不是牢骚与抱怨。"这个世界公平吗？答案是否定的。在职场里一味追求公平，不但不现实，更容易讨人嫌。性别歧视，论资排辈，任人唯亲，裙带当道，干得多拿得少……还有多少不公之事你没有遭遇过？越是抗拒不公平，就越会遭遇不公平。

有这样一句至理名言——“说话前你是话的主人，说话后你是话的仆人。”在职场上，说话尤其要注意，别以为说的是真话就没有问题。很多时候，很多真话是不能说的，否则，只会给人留下不好的印象，毁掉自己的前程。

6

领导决策错误时，你怎么说服

古人云："人非圣贤，孰能无过。"作为领导，会因种种原因而作出错误决策。当领导犯错误时，作为下属既不能袖手旁观，等着看笑话，也不宜直言批驳，让领导下不了台，更不可曲意逢迎，推波助澜。正确的做法是寻求良策，既保全领导者的面子，又能让领导接受合理建议，不至于危害整体和长远利益。

事实说话

一年隆冬，沙俄军队换装。发棉大衣时发现，棉大衣上的扣子都不见了。再一细查，所有备换的军服都没有了扣子。沙皇知道这件事，大发雷霆，传令把负责监制军服的官员克斯别伊抓起来枪毙。这时候，科学家瓦戈里对沙皇说："陛下，克斯别伊虽然有责任，但不该问罪。扣子是用锡做的，这种金属遇到极度寒冷就会风化成粉末，别说克斯别伊，就是我，也是刚刚才知道的。不信，我可以实验给您看，眼见为实。”瓦戈里随手从衣兜里掏出一枚漂亮的锡制军用细扣，放到冬宫外的露天广场，只半天时间，细扣就被冻成粉末了。沙皇大开眼界，知道事情与克斯别伊无关，便不追究他的刑责了。

沙皇误以为克斯别伊工作失误，便决定问罪。关键时刻，瓦戈里以实验的方法，让沙皇看到事情的真正原因，改变了决定。现代职场变化多端，领导常常会因为不了解情况而作出错误决定。你在第一时间把事实摆出来，让领导充分感受，领导在事实面前豁然开朗，认识到错误所在，就不会坚持自己的决定了。

以数据说服

美元树老总麦肯巡视了公司的几个配送中心，发现总有一些配货的车辆闲着，便打算砍掉60部小卡，以降低成本。苗文瑞经理觉得麦肯的意见不合适，便对他说：“我们跟沃尔玛虎口夺食，必须有充裕的配送能力。沃尔玛有1000千克配货小卡车600多辆，我们才180辆。您一下裁掉三分之一，我们美元树不是瘸腿了吗？巡洋舰小轿车额定功率是100马力，能用到30马力就不错了。再比如，我们出差总要带两个充电宝，就怕误事。汽车的功率要充裕，充电宝要充裕，我们的配货小卡车也该是充裕的。这样，应对工作任务才游刃有余。”麦肯听了，便放弃了自己的意见。2008年，次贷危机引发经济危机，钱难挣，消费吃紧，人们涌进美元树买便宜货，美元树的配货小卡车日夜马不停蹄，运力增加六倍，当年便让美元树荣登财富500强。

苗文瑞认为，麦肯以削减小卡来减少成本不可取，便以各种翔实的数据，说服麦肯放弃了自己的错误决定。领导作出错误决定，往往缘于看问题不精准，不全面，此时我们可以摆出数据，说服领导对决定进行修改。只要你列举的数字是真实有效的，就会对领导形成极大的触动。领导不能质疑你的数据，就会接受你的观点。

辩证说理

韩琦赴任淄州通判不久，就听说有一个叫左旺的村霸横行乡里，形成黑恶势力。这天，有人举报，说左旺打架闹出了人命，韩琦便命人抓了左旺，投入死牢，准备问斩。下属张海龙私下对韩琦说：“大人，本人位卑，无权过问讼事，但看我们兄弟的情分，有一句话不吐不快，不知道你会不会介意。”韩琦说：“介意什么？有什么话但说无妨。”张海龙说：“左旺犯罪，听说而已，你把他打入死牢，未免过于仓促，就是真的有罪，也难以服众，说不定还会给某些人留下把柄。若是冤枉了好人，手起刀落，你怎么让他活过来？以我之见，还是走一遍侦察审判的程序为好。案子在淄州站住脚，我们才能站稳脚。”韩琦觉得张海龙说得有道理，就公开审理了这个案子。

韩琦逮捕左旺，没经过审判就直接将他打入死牢，好友张海龙看不过去，便告诉韩琦，就算左旺果真有罪，也应该走法律程序才能服众，而如果左旺无罪，则更加难以挽回错误。如此辩证说理，最终让韩琦恍然大悟，接受了张海龙的意见。领导也是人，有时候难免也有脑子发热，作出错误决策的时候，作为员工，不妨把事情掰开来说，辩证地阐述利弊，这样领导就会看清事情的本质，最后作出正确的决策。

说服领导不是为了证明自己比领导更优秀，更高明，而是让领导放弃错误决定。运用以上方法时，必须记住你是在和领导说话。倘若不拿领导的尊严当回事，让领导跟着你画的道道走，必然碰钉子。

第三章　谈判力

既要坚守立场，又要达成共识

1

面对“讨价”，如何巧妙“还价”？

商务谈判中，难免有讨价还价，有时对方提出一些己方难以接受的要求或与己方完全相反的看法，这就需要拒绝、否定。但若拒绝、否定的方式、方法不当，会伤害对方，使谈判出现僵局，导致生意失败。那在不破坏谈判局面的前提下，怎样巧妙地拒绝他人的价格要求呢?

战国时期，白圭跟随东家学做生意。东家看他聪明伶俐，日趋成熟，就派他到东北去采购药材。到了东北后，一位客商拉过来几袋药材，要了一个很高的价钱。白圭打开袋子一看，药材的质量一般，说：“就您这个货的成色来看，如果我给了您这个价，回去之后，掌柜非得炒了我不可，我哪有胆子收您的货啊。再说了，您老也一定不想小的我丢了饭碗吧。要不这样，您先把货带回去，等我回去请示了掌柜之后，下次来的时候我们再商量。当然这中间，您把货卖给谁都可以。这多好，既不耽误您挣钱，我也不会砸了饭碗。成不成？”客商听了，也觉得自己要价要得有点离谱，就笑着说：“我是跟你开玩笑呢，别当真。”经过一番讨价还价，最终以一个合理的价钱成交。

产品质量一般，却要价很高，如果白圭断然拒绝对方，可能使对方抹不开面子而转身离去。于是，白圭灵机一动，巧妙地把对方提出的超高价格这支“花”嫁接到操纵在掌柜手里的、自己的饭碗这根“木”上，说明自己对对方提出的这个价钱实在是无力接受、不敢冒险接受。白圭采取“移花接木”的方式婉拒对方的不合理要求，使对方认为白圭确实无法为这个价钱做主，并自觉将价钱降到白圭可以做主的程度，使双方能继续合作下去。

叶澄衷是中国近代著名的“五金大王”。1890年，他在上海创办燮昌火柴公司，为了进一步占领市场、拓展销路，采取一系列优惠政策招揽代理。一位经销商在和叶澄衷详谈后，又以对方产品缺乏知名度为由，索要更多的价格上的优惠。叶澄衷坦然地说：“正如你所说，我们的品牌不是很出名，可我们在产品研发上付出了巨大的人力和财力，生产出种类多样、质量上乘的产品，面市以来即产销两旺，市场前景看好，有些地方竟然脱销……我们不是夸口，有些知名品牌的火柴公司也未必比得上我们。同时为了保证经销商的利益，我们作出了很大的优惠和让步。如果贵方觉得其他的比我们更有知名度的火柴公司能够为您创造更大的盈利空间，不妨说来听听。”听了叶澄衷的话，这位经销商痛快地签订了合同。

对方抓住叶澄衷的产品知名度不高这一点，强力压价。如果叶澄衷断然拒绝，挫伤对方的傲气不是坏事，可难免使刚开辟的局面受创。于是，叶澄衷先是对其看重产品品牌的做法表示尊重和接受，以博得对方的好感；而后顺势把话题转到产品的质量、销售这些关键性问题上，使对方逐渐认为，品牌不过是外在形式，而能够在买卖中谋取更大的利益才是内在的根本。叶澄衷以“肯定形式、否定实质”的方式婉拒对方的不合理观点，使对方觉察到自己的偏差，从而主动回到既定轨道，愉快地接受了与叶澄衷的合作。

某洗发水公司的产品经理，在抽检中发现有分量不足的产品，代理商趁机以此为筹码不依不饶地讨价还价。该公司代表微笑着娓娓道来：“美国一专门为空降部队伞兵生产降落伞的军工厂，产品不合格率为万分之一，也就意味着一万名士兵将有一个因降落伞质量缺陷而牺牲，这是军方所不能接受和容忍的，他们在抽检产品时，让军工厂主要负责人亲自跳伞。据说从那以后，合格率为百分百。如果你们提货后能将那瓶分量不足的洗发水赠送给我，我将与公司负责人一同分享，这可是我公司成立8年以来首次碰到使用免费洗发水的机会哟。”

日本政治家大平正芳说过，幽默是生活的调味料。某种轻巧的幽默，足以使紧张的气氛为之改观，使陷于僵局的悬案豁然解决。本来双方合作得很好，可代理商非得利用该洗发水抽检中的问题兴师问罪、讨价还价。面对僵局，洗发水公司的经理通过讲述军工厂负责人“以身验品”的故事，戏称愿意享受对方发现的不合格产品；一番幽默之言，表达了对自己产品的信心，也帮助对方树立了合作信心，使对方不好再提降价要求，从而保持了双方良好的合作关系。

20世纪80年代，美国杜邦公司在多元化经营方针的指导下，大举挺进电梯行业。时日不久，局面就被打开，其优质的产品吸引了不少经销商。一次，一个大经销商和杜邦公司总经理马可商谈，希望杜邦公司的电梯价格能降一点，等同于同行业其他公司的电梯价格。马可说："您选择和我们合作，一定是对我们的产品质量很有信心。至于价格方面，迫于成本的关系，我们很难有降价的空间。虽然您以较高的价格获取了相应质量的产品，但我们也尽量考虑从其他方面来维护您的利益，比如说，在售后服务方面，一年包换，终身维修，每年还例行两次免费保养维护。这和同行业比起来，我们要做得更好。这样一来，您所付出的价格不就得到回报了吗？"经销商不再吱声了。

经销商要求杜邦公司的电梯价格与其他公司的电梯价格等同，如果杜邦公司强硬拒绝这一要求，难免会给对方留下一个店大欺客的坏印象，从而破坏双方的关系。鉴于此，总经理马可在准确揣摩了对方的心态后，首先表示，由于成本的制约，在价格上难以回旋；接着话锋一转，表达了杜邦公司会通过一系列高于同行业水准的售后服务以及其他方面的付出，来补偿合作方在价格上的亏折。马可通过迂回补偿的方式婉拒了对方的降价要求，使对方感受到了杜邦公司的诚意，打消了原来的想法。

英国哲学家阿瑟·赫尔普斯曾说，说出拒绝的理由时，别忘了为未来的索要留下某种余地。商业谈判中，拒绝对方的要求不是为了一拍两散，而是为了让对方接受己方。所以，在拒绝对方的不合理价格要求时，要审时度势，随机应变，有理有节地进行，让双方都有回旋的余地，使双方达到成交的最终目的。

2

与强者谈判，别灭了自己的威风

共赢公司经过谈判，和一家制药厂达成初步合作意向。签订合作协议的前两天，共赢公司的苏楠对医药公司的高层说：“贵厂能和我们公司合作，让我们倍感荣幸。贵厂的几种药全国驰名，谁代理贵厂的药就是等于挖到金矿了。我都不敢相信贵厂会选择我们，毕竟我们是一家刚成立三年的公司，业绩在业内不算出色，也有很多不足。希望以后多指点多帮助，感谢你们的信任……”第二天，制药厂的谈判代表给共赢公司回话，说要再考虑。最终，合作没有成功。知情人透露，苏楠那番话让药厂的高层动摇了，他们对共赢公司的实力持怀疑态度。

苏楠恭维药厂并没错，但不应该谦虚过头，甚至妄自菲薄，过多地说自家公司的不足。苏楠的话使药厂的高层对共赢公司的实力产生了怀疑。苏楠灭自己威风的话，灭的是对方的信心。药厂怎么甘心和一个实力不济的公司合作呢。商务谈判中，我们也会犯这样的错：恭维别人的时候，说一些灭自己威风的话。然而这种低调过分的话，最后往往会让人得不偿失。所以说，与强者谈判，决不能灭了自己的威风，要让对方相信你的实力，才会对你有信心。

北方汽修学校想请成龙做代言，而在此之前，成龙代言的都是名牌产品，从没有为汽修学校这样的单位代言。北方汽修公关部的李经理对成龙说："您在华人娱乐圈里的地位是无人可比的，即使在世界影坛也有一席之地，对中国电影的贡献也是别人难以替代的。这也是我们请您代言的原因。我们立志要做中国最大最好的汽修学校，自然要请一位与此目标相匹配的代言人。而这个人，除了您还能是谁呢！另外，您一向热衷于慈善事业，我们学校这些年也为公益捐款近千万。每年都为不少家庭困难的学生减免学费，让他们有一技之长，改变命运。"成龙听后，表态道："我乐意为这样的学校代言。"

谈判中，当一些人有求于"强者"时，会赔尽笑脸，说尽好话，甚至低三下四，百般讨好，卑躬屈膝，大长别人志气，大灭自家威风，结果是让人看不起，给别人留下不好的印象。李经理则不然。他在谈话中先是对成龙大加肯定，然后话锋一转，将自己学校的追求和成龙在娱乐圈的地位联系起来，将学校有社会责任感和成龙热衷公益联系起来，在赞美成龙的同时，也是在赞美自己的学校；在长别人志气的同时，也长了自家的威风。成龙看到了校方的诚意，也看到了校方的希望和信心，从而对校方产生好感，最终答应了做代言人。

2013年，巴西人埃尔克森加入了广州恒大足球队。这让巴西国内和世界足坛感到惊讶，因为此前欧洲几家大牌俱乐部邀他加盟，都不曾如愿。难道仅仅是因为恒大给的待遇高吗？其实并不是。在和埃尔克森商谈时，恒大俱乐部的总经理刘永灼真诚地说："我知道你很想去欧洲踢球，那是世界足球的中心。你这么年轻，极富足球天赋和才华，前途不可限量。同欧洲相比，中国足球水平是低，但这几年进步很快。我们恒大俱乐部立志打造百年老店，和欧洲多家大俱乐部都有合作。世界名帅里皮也是看到我们的雄心，才来做主教练的。在世界名帅手下踢球，相信你也会受益匪浅。"经过刘永灼的劝说，埃尔克森最终同意加盟。

埃尔克森是各大俱乐部争抢的足球明星，刘永灼肯定他的才华，给予极高的评价。但同时，他也没有因此而灭自己家的威风。他说到自己的俱乐部时，强调俱乐部不但有雄心壮志，还与大牌俱乐部合作，还有世界名帅加盟。这些，怎不让埃尔克森动心？在谈判中，迎合和恭维对方是可以理解的，但这并不意味着一定要灭自己的威风。要知道，与其唯唯诺诺地求人，不如表明一下自己的雄心壮志。即使是再强势的一方，看清事实后也会有所触动的。

2013年初，湖南卫视引进韩国MBC电视台的节目《我是歌手》，节目组准备邀请中国台湾著名歌手齐秦参加，可齐秦却选择了拒绝。节目组负责邀请艺人的卓麓山不甘心，于是不辞辛苦专程去找齐秦，劝说道："我知道，你早已名利双收，不用再通过这类节目撑门面了。但这是一档新引进的节目，已经确定要参加的人名气都不小，实力也不差。而你作为歌坛巨星，我们非常希望你也能参加。如果有你这样具有重要影响力的艺人加入，一定会为我们的节目添彩。而且，您也知道，这档节目在韩国反响非常好，节目组机制相当完善。再加上湖南卫视在娱乐界的重要位置，一定能把它办好。"齐秦听了这些，最终答应参加。

卓麓山肯定了齐秦在歌坛的地位，对他进行了赞美，但同时也没有贬低自己的节目，而是直言这个节目的权威性，表明参加这个节目不但不会让齐秦丢了身份，还会让他赢得更多。齐秦也正是看到了这个节目的优势，最终决定参加了。在现实中，与强者谈判时，认可对方，固然可以满足对方的心理需求，但也要尽量展示自己的优势，让对方感到安全，如此，即使本来身处劣势，也能谈判成功。

不管是在生活中还是在商务谈判上，赞美别人都是一种美德，可给人以鼓励和信心。但是，这不应该建立在贬低自己的基础上。长他人志气，不灭自己的威风，是一种不卑不亢的态度。长他人志气，灭自己威风，那你何时能威风起来呢？

3

谈判，要有底气

李兴浩是志高控股董事局主席，身家已经超过7亿。李兴浩并不仅仅是个老板，更是一个善于论辩的谈判高手。他现在会有这么大的成就，与他那过人的谈判技巧有着很大的关系，其中，改变他人生的一次谈判，无疑就是2002年与韩国现代集团的那场被媒体津津乐道的谈判。当媒体问他为什么会赢得那次的股东之争时，他不假思索地答道："因为我说话有十足的底气！"听此，我们不禁要问：李兴浩说话时从哪来的十足底气呢？

认清自己的实力 说话更有底气

2002年，韩国现代集团希望和一家中国的空调专业企业合作，成立合资公司，想以此进入商用空调市场。之前，现代集团已经对中国空调行业做了整体摸底，看中了志高重视质量和稳健发展两点，所以很重视这次合作。于是，由现代集团综合商事株式会社电子部部长陈炳哲带队，来广东南海与时任志高总经理的李兴浩谈判。

谈判的核心问题，就是双方的控制权。韩方代表上来就想用自己的“现代”品牌，来压迫李兴浩。“现代的品牌值很多钱，自然要占大股。”陈炳哲说得振振有词。

李兴浩却没有被震慑到。他坚定地说：“合作应该建立在公平的基础上，谁出的钱多，谁就应该是大股东。”

陈炳哲说：“作为韩国的第一大企业，跟你们这样的小公司合作，当然要做最大的股东了。”

李兴浩说：“我承认现代是大品牌，但那是在汽车制造领域。在空调制造业，我的产量比你大几十倍，质量、经验、市场都是现代没办法比的，所以，志高的专业品牌应该更值钱。”

面对对手的对比，李兴浩没有自惭形秽，而是充分说明了自己的品牌在市场中所占据的各种优势，以此表明双方谈判应该建立在公平的基础上。竞争大股东，不能以公司的大小来做依据，而是要以资金的投入为评判标准。在商业谈判中，尤其是以小对大、以弱对强时，我们不要轻易小看自己，而是应该认清自己的真实实力。只有最大限度地看清己方的优势，和对方说话时才会有底气。否则，就会被对方的强势所压制，让自己处在极其不利的位置。

认清对手的意图 说话更有底气

陈炳哲听了李兴浩的说明后，依然是一脸不屑一顾的表情。他说："中国的电器公司也不是就你们一家，我们选择了你们，其实是给了你们一个机会，你们应该感激我们肯和你们合作才对。所以，股东当然是我们做大、你们做小了。"

李兴浩笑了笑说："是的，你们在中国肯定可以找到别的公司和你们合作，但是像我们这样有基础硬件的有几家呢？你们既然会来找我们，就说明你们对我们公司未来的发展潜力是了解的。你们一定明白，我们是不是你们最适合的合作公司。而且，你们来中国寻求合作，无非就是希望可以借此推广你们的品牌，同时靠品牌赚取更多的财富，怎么说是帮我们呢？应该说，大家合作无非就是开拓更大的市场，赚更多的钱。"

死爱面子的陈炳哲，不管怎么说还是要求让韩方做大股东。

李兴浩也斩钉截铁地指出："无论你们出多少钱入股，我们都会出更多，就是要成为大股东。"

正所谓“知己知彼，百战百胜”。在认清自己的同时，也必须认清对手。李兴浩之所以没有害怕韩国现代会与别的公司合作，而不和志高合作，就是因为他了解韩国现代的计划和谋略，知道他们了解自己，合作的目的都是赚钱。在针尖对麦芒的较量中，如果不能了解对方的意图，就会不知所以。只有真正认清对方的意图，才会化被动为主动。

认清未来的形势 说话更有底气

见李兴浩态度如此决绝，陈炳哲愣住了。而李兴浩在表明了誓当大股东的态度后，进一步给韩方施压，提出了一个特别的思路：“合资公司应确保小股东的利益，无论公司盈亏，小股东应该旱涝保收，而大股东则要承担更多义务，赚了要按比例分，亏了则要独自负担。”

韩方一听，根本不能接受，说：“双方合作，哪有这样的道理？”

李兴浩却笑着说：“合作嘛，就是双方谈来谈去。别人的道理是别人的，我们的合作只要我们双方愿意就行。”接着，他拍了拍自己的胸脯说，“你们敢签这样的协议吗？我告诉你们，我就敢签这样的协议，我们做大股东，保证现代的利益，亏本算我们的。”

此言一出，韩方代表惊呆了。他们没想到，李兴浩会做这样的承诺。韩方初来乍到，原本是空调领域的门外汉，一心想借志高打入市场，算是两眼一抹黑，自然不敢有此承诺。

最终，双方达成协议，韩方出品牌——现代品牌在华商标使用权、出关系资源，占合资公司40%的股份。不久，合资公司就推出了现代空调，并从此成就了一家运转良好的空调制造企业。

在谈判中，如果不能认清形势的话，绝对无法取得最理想的成功。李兴浩敢提出这个看似荒唐的做大股东的条件，当然是有把握的，因为他知道志高当时已经在中国空调市场打拼了好几年，把握企业盈亏的能力还是有的。而韩国人就因为无法认清形势，不敢贸然同意那样苛刻的条件。大股东之争，志高能完胜现代，也就是一种必然了。由此可见，想在谈判中克制对手，就一定要对谈判后的发展趋势有所了解，对未来的利益必须拿捏得准确。

通过上述这场谈判，我们可以看到：在谈判中，只有认清自己的实力，认清对方的意图，认清未来的形势，才能把谈判的主动权掌握在自己的手里，才能更好地赢得谈判，获得最大利益。

4

商务谈判，如何让对方随我而“动”

商务谈判中，我们常通过“望闻问切”去寻找合作伙伴。但这种方式往往会让对方处于被动状态，不易达成合作。而如果我们能很好地调动对方的积极性，靠口才先使对方按我方意愿“动”起来、为我方而“动”，最终很可能轻松赢得谈判。

对方只认金钱，用“激将法”说“动”对方

1864年，中亚浩罕国入侵新疆，前方数十万将士急需一大批棉布做被服和军帐，胡雪岩受命代办。胡雪岩把南方两家织布局老板聚到汉口，报出购价，比市场价低了一成，两位老板都“蔫”了。胡雪岩说：“我大清国军队在新疆作战，急需后方布匹支持。大家都是‘洋务运动’的实践者，现在国家算是用到你们了。朝廷拨的银子就这么多，但布匹

不能少买。大家为平外患而让利于军，无上光荣。我相信，你们不仅有实力，更有社会责任感，绝不会趁火打劫、发战争财。”此话一出两个老板坐不住了。一个首先表态：“这桩生意我们上海织布局做了，别说尚有蝇头小利，就是赔本赚吆喝，我们也干。”另一个说：“别只给他们一家，我们湖北织布局也不是吃干饭的。”两人争先恐后，胡雪岩顺水推舟，成了大事。

谈判时胡雪岩出价比市场价低，两个老板都不想做。胡氏便使出了“激将法”，说他们是“为平外患而让利于军，无上光荣”。一下便把对方的“社会责任感”激出来了，使谈判大获成功。在商务谈判时，如果对方只认金钱，对生意兴趣不高，你可从金钱之外找点子，给对方向上的激励，待对方“动”起来，你便可轻松获胜。

对方心存幻想，用“竞争法”说“动”对方

20世纪50年代，包玉刚的“金安号”打算长期出租，日本船舶公司的村野先生前来承租。村野说：“您说长期出租，租金可以低一些。年租金12万美元太高了，降到8万美元以下吧。”包玉刚说：“不可能，这个吨位的轮船，短期租金是多少您比我清楚，长期租金确实需要低一点，但每个月1

万美元，对你们已经很划算了。”村野说：“可您要是一咬定12万美元一分不减，总部不答应，我做不了主。”包玉刚说：“那我们就别谈了。派一个做不了主的人和我谈生意，你们公司耍人啊？”村野刚要解释什么，包玉刚又说：“台湾高雄的‘中山海运’明天也来看船，说不定他们能看上呢。”村野急了：“别呀，我可没说退出啊，‘中山海运’插什么杠子。”之后，谈判反倒异常顺利，包玉刚稍做让步，双方就签了10年的合约。

包玉刚想以年租金12万美元出租“金安号”，村野声称年租金必须在8万美元以下。谈判僵持不下，包玉刚用“中山海运”将对方一军，给对方造成“竞争危机”，让对方紧张起来，把对方说“动”了。洽谈生意时，本来对方有利可图，但会心存幻想，仍紧逼不舍，你不妨用“竞争法”说“动”对方，逼他就范。对方“吃你一将”，有了危机感，才会听你摆布。

对方表现消极，用“推延法”说“动”对方

华庄绿源是一家千亩蔬菜种植园，今年春天正值忙季，两名技术员向园长要求加薪800元，否则就走人。园长考虑到他俩是种植园的技术尖子，应该加薪，便对他们说：“我同

意加800元，但不是现在就加，我想在时间上推延一下。去年产多少菜，我们有记录吧？”“有。”“那好，不增加成本，也不管菜种出来赚不赚钱，年终算账，只要产量比去年增加5%，我就把一年里每月多加的800元，一分不少地补给你们。但我丑话说在先，要是达不到这个标准，就不加薪，怎么样？”两名技术员乐了，一个说：“‘5%’没问题，到时候我们就等着点票子了。年终奖不会扣掉吧？”园长说：“两码事，年终奖照发。”很快，双方就愉快地签订了书面协议。

技术员提出加薪，不加就走人，表现很消极。但园长一方并没有当即同意，而是推延了加薪的时间；这样一来，对方就会主动付出努力。而技术员一方觉得“5%”并不高，加薪只是早晚的事。所以，双方便谈到一块去了。“推延法”是指当谈判方表现消极时，不立马答应对方的要求，而是“策略性”地延迟谈判时间，在延迟的时间内，又为对方附加“诱惑性极强”的条件，从而让对方主动表现出积极的一面，最终实现谈判的双赢。

对方固执己见，用“尝试法”说“动”对方

刘永好找到联合养殖场的韩董事长，推销希望饲料：

“您的养殖场生猪存栏有一万多头，规模好大呀。要是用我们的希望饲料……”没等刘永好说完，韩总就把话抢过去了：“我们用的是自配饲料，华北农大教授的配方。”刘永好了解了对方自配饲料的成本后说：“希望饲料比你们的自配饲料每千克成本低3分钱，日积月累，这可不是小数目啊。如果您有兴趣的话，我们可以合作。”韩总说：“合作？我可不敢拿一万多头猪开玩笑。”刘永好说：“这样吧，您拿出100头猪，我免费提供希望饲料，和您的自配饲料对比，一拨猪下来，如果希望饲料效果差了，我分文不取，立马走人。怎么样？”韩总觉得这话实在，第二天就开始了这项实验。还没等一拨猪出栏，希望饲料的“魔力”就显现出来了，两家便签了合同。

韩总不愿放弃自配饲料，于是，刘永好免费提供希望饲料，让韩总做对比实验，从而博得了对方的认可。谈判中，对方固执己见，看不上你的产品，你便可运用“尝试法”去说“动”对方，即调动对方的积极性，进行“对比实验”。待其尝到甜头，你再想不让他“吃”都不行了。

商务谈判中，上述方法都能让对方为我而“动”，获得更多的实际利益，大家不妨多试试。

5

试试这样进行索赔谈判

在生活中，一些难以预料的损害常会与我们不期而遇。尽管我们有权向“施损方”索赔，但这个过程却很不轻松。要想让索赔结果自己满意、对方认可，我们必须学一点与之相关的索赔谈判技巧。

大开口小收口，巧打“提前量”

尤尔把收藏的自行车租给麦凯恩的私人博物馆。不想，博物馆失窃。尤尔向麦凯恩索赔。

尤：阁下，我的自行车怎么赔偿？你支付2万美元，可以吗？

麦：2万？……打劫啊？能买两辆小汽车了！

尤：这可是50年前德国制造的“老爷车”呀，全美国也没几辆。

麦：不管怎么说，2万美元实在是太高了。2000美元还差不多。

尤：那可不行。我的自行车极具收藏价值，曾经有收藏家给4000美元，我都没有卖呢。

麦：那就赔您3000美元好了，不能再高了。

尤：差太多了，你给5000美元吧。

麦：一口价，我只给3500美元，不行就算了。

尤：好，算我倒霉，谁让我们遇上盗匪了呢。

就这样，双方共同敲定了赔偿金额。

尤尔向麦凯恩索赔自行车，开了2万美元的高价。双方交涉到最后，却在3500美元定锤，且双方都很满意这个结果。索赔谈判时，你先是“狮子大开口”，大幅度抬高自己索赔的“前提量”，可以轻松杀掉对方的气焰，降低对方的心理预期；最后，你再来一个“小收口”，大幅度降低要求，对方觉得捡了大便宜，便会让你如愿以偿。

紧计较慢拉和，巧出“感情牌”

宋真宗时期，开封城扩建，拆迁户都得到了补偿。赵晗家门前的过道也在占地范围之内，由于没碍着房子，便被拆迁官忽视了。

赵晗：大人，京城扩建，占了我家的过道，怎么没赔偿？

拆迁官：相关条例里没“堵路赔偿”那一说。

赵晗：难道条例里有“堵了路不该补偿”的条文吗？

拆迁官：也没有啊。

赵晗：既然这样，就该给我们赔偿。没拆房子，也占了道啊，连我们家的祖传老宅都被堵死了，不能住了，您又不是没看见。

拆迁官：你说得太晚了。

赵晗：你们疏忽的事情，也不能怪我呀。我又不知道会占到哪，我能早说什么呀？

拆迁官没理了，便答应向上头请示。

赵晗见有门了，说：先不谈赔偿了。我听说您儿子中秀才了？祝贺祝贺啊。你们一家人的心眼都非常好，将来孩子一定会中举人、中进士，没准还会中个大状元呢。

一提孩子，拆迁官美得合不上嘴了，立马吩咐账房为赵晗写赔簿，照例赔偿。

赵晗索赔，先是计较“过道”被占和拆迁官“疏忽”，然后又套近乎，打“感情牌”，说拆迁官的孩子科举高中，从而拉近了双方的心理距离，使索赔谈判告成。在索赔过程中，先前的斤斤计较、寸步不让，会迫使对方输掉面子；而后的巧妙“拉和”，却会让谈判得到很好的缓冲。我们向人索赔，要会“打”，也要会“拉”。这样，你的索赔谈判才会更顺畅。

一白脸一红脸，巧布“攻防阵”

建安公司承建市博物馆。合同规定，因业主而造成窝工（指承包商没法按照合同约定进行施工，产生多余费用），损失须由业主赔付给承建方。王东升和老吴找业主张科长索赔。

张科长：一千多万元的工程，两三万元的窝工费，值得提吗？

王东升：我们有约在先，账就是这么算的！36000元，不能少！

张科长：你要800万我也赔？

王东升：合同里有监理员的说明和签字，合情合理的，你还想赖账？

老吴见事态不妙了，便批评王东升：“小王，你怎么说话呢？张科是咱们的老朋友了，别因为这点钱伤了大家的和气啊。”

老吴又转向张科长：“您别跟他一般见识，他年轻不懂事。我知道张科您是个讲道理的人，是不会为这点钱赖账的。这里的人工窝工费、机械设备窝工费等都有账可算。您核实一下，如果没错的话我们可以明天划款。有一天停工是因为停电，如果你们不想承担费用，可另说。

王东升：怎么能另说呢？那一天的费用也不少啊。”

老吴：没你事，少插话。咱们承建了这么大的工程，受一点点损失也没什么嘛。我们大家的关系都很不错，如果因为这一天的费用坏了彼此的情意，那就太不值得了。

张科长觉得老吴说话够厚道，很快就把钱赔了。

在索赔过程中，王东升唱“白脸”，不依不饶；老吴唱“红脸”，专拣张科爱听的说。张科便对老吴产生了心理依从，使索赔谈判获得成功。在索赔谈判中，“白脸”和“红脸”两种角色攻防有致、进退自如：说轻了可随时加重，过头了又能立马挽回，总能掌控谈判的主动权。

前之覆、后之鉴，巧借“他车辙”

年底下大雪，工厂在政府号召下清扫道路。期间，谭会超跌了一跤，磕掉了两颗牙，花了1000多块钱医药费。医生开出假条，让他静养一周。一周后，谭会超来找厂长签字报销医药费，厂长不同意。

谭会超：厂长，您看，我这也算工伤吧，医药费应该报销。

厂长：你休病假我批的是全薪，一分钱不扣。医药费又不多，你就不要再计较了。

谭会超：钱是不多，可我这也是因为忙厂里的事情才受伤的呀。上个月，司机王师傅伤了脚，休息期间也给了全薪，住院费和医药费也实报实销了。其实，1000多块对我来说也不是个小数目啊。您看，是不是应该也给报销了？

厂长：那好吧。我在单子上给你签个字，你找财务部报销。好吗？

谭会超：谢谢厂长。

谭会超向厂长索赔工伤医疗费时，已讲出充分的理由，但他还是搬出王师傅的案例，给厂长施压。厂长不能否定这个案例，就没法驳回谭会超的诉求。索赔谈判也是“前有车、后有辙”，在谈判中搬一些有力的案例出来，“前之覆、后之鉴”，巧借“他车辙”，比你说多少硬话都管用。

索赔谈判是一种艰辛的劳动，和“施损方”较劲并不是一件容易的事。借鉴以上谈到的索赔谈判技巧，相信能助你一臂之力。

第四章　营销力

不会营销自己、推销产品的人，其实很吃亏

1

推销赢在心理战

推销大师拿破仑·希尔曾经说过："推销要掌握先机，就必须先掌握对方的心理。"因此，在推销过程中，推销员应注重与顾客进行心灵沟通和情感交流，通过我们的言语感染、感动、感化顾客，从而让对方喜爱我们的商品，关注我们的商品，直至最终选择我们的商品。

掌握对方的"恻隐心"

乔尼已多次拜访一位准客户，但从来不主动详谈他推销的冰箱。有一回，准客户问乔尼："你我相交的时间不算短了，你也帮了我不少的忙，有一点我一直不明白，你是推销员，为什么从未向我介绍你的产品，这是什么缘故？难道你不关心吗？""怎么会不关心呢？我就是为了推销冰箱，才经常来拜访你啊！""既然如此，为什么从未向我详细介绍过冰箱呢？”“坦白告诉你，那是因为我不愿强人所难。我素来是让准客户自己决定什么时候买冰箱的。从推销的宗旨和观念来讲，硬逼着别人买东西是错的。我认为应在准客户感觉有需要后再向准客户推销商品。未能使你感到迫切需要，是我努力不够。在这种情形下，我怎么好意思开口硬逼你买冰箱呢？”准客户因乔尼的话而愣住了，随后说：“你的想法跟别人不一样，很特别，有点道理，把你的冰箱给我看看吧。”

推销有时是一场持久的拉锯战，需要长时间的“经营”，交流、沟通的切入点很重要，需要我们收集到足够多的信息，找准对方关心、关注的事情，用诚恳的言语触动对方心中最柔软的部分，从而消除其抗拒心理，增加成功的概率。

掌握对方的“仁爱心”

同时经营着《星期六晚邮》和《妇女家庭周刊》的希鲁斯·科第斯，创业之初因为付不起别的杂志社那样高的报酬，而约不到好作者、好稿子。可是凭着三寸不烂之舌，他却约到了很多作家的大作，甚至约到了当时正名声远扬的《小妇人》作者奥尔科特小姐的稿子。约到她，他只用了100

美元，还是把这笔钱寄给了奥尔科特小姐最心爱的一项慈善事业。原因很简单，他对这位著名的专栏作家说道："您好，我知道您是一位以慈善事业为使命的作家，您写作不是为了稿酬而是为了引导人心向善，为了世道人心。我们杂志虽然刚刚创办，但是我们的办刊宗旨却是以您的创作思想为指导的，我希望我们的杂志成为宣传您的思想的阵地和窗口，成为您与读者联系的纽带和桥梁。"奥尔科特小姐被他的理由感动了，把自己最好的作品给了他。

我们在与人谈判前，一定要了解对方的喜好，继而找一个动听的理由，如果在某些方面获得了对方的"同情"，将事半功倍。激发对方的"仁爱心"，其实是一个充满人情味、充满互助互爱的过程。

掌握对方的"虚荣心"

一个保险推销员接到任务，领导要求他让本地一位律师买份保险。可是，这位杰出的、富有的律师特别反感买保险。

推销员决定接受这个挑战。一天，他带了一份报纸，上面是关于那位律师的专题报道，详细讲了他的事迹。报道讲这个律师从基层做起，为公司做法律顾问，最终，凭着卓越的业务能力打出一片天下，就连最挑剔的委托人在他面前也唯命是从。

业务员把报纸递给律师，说道：“我已经安排好了，只要您一通过必要的体检，我就将此稿投给全美报业联盟，我认为至少有一百多份报纸会刊发这篇报道。您这么聪明的人，不用我提醒就清楚，这篇报道会给您带来足够多的新客户，他们付给您的费用肯定超过100万美元。”

律师坐下来，仔细读着报道，做了几处修改，然后把报纸递回给业务员，说：“拿张申请表给我吧。”几分钟内，这笔生意就做成了。

这名业务员准确无误地击中律师的软肋——他想出名。他推销给律师的其实不是人寿保险，而是虚荣心保险。人人都有虚荣心，当我们自然、巧妙地抬举一个人，一定会让他兴奋并对我们产生好感的。

掌握对方的“好胜心”

哈珀是教育界有史以来最了不起的募捐者之一。他打算在校园里建一座新大楼，需要100万美元的捐款。

他圈定了两个富有的芝加哥人，但这两个人是死对头。一个人专职从政，另一个人掌管着芝加哥的电车系统。多年来，这两个人纷争不断，想象力没那么丰富的人，想不到这一点有什么利用价值。

一天中午，哈珀来到电车巨头的办公室，说："您好，我只用一分钟时间，跟您说件事，说完还得赶路。这段时间，我一直在想，您作出了杰出的贡献，为这个城市修建了全美最先进的电车系统，芝加哥大学应该做点儿什么来表彰您。我已经想好，在校园里建一座大楼，用您的名字命名。我跟董事会提了，可是另一个董事也想建一座大楼，他想用另一个人的名字（哈珀说出了巨头死敌的名字）来命名。我来把这件事告诉您，希望您能找到办法，帮我推翻那位董事的方案。"

"好啊。"巨头喊道，"这事我会好好考虑的。"

第二天早晨，巨头就来到了学校。两人走进哈珀的办公室，谋划了一个小时。临告别时，巨头爽快地递给哈珀一张面额100万美元的支票。

电车巨头想出了办法：先下手为强，把对手干掉。哈珀多聪明啊，他早就料到电车巨头会这么做。当我们在与客户沟通时，如果能恰当地迎合客户的好胜心，那客户对待你的态度，往往比你想象的还要好。

被誉为世界上最伟大推销员的乔·吉拉德曾说："沟通需要心与心的交流、心与心的碰撞。"做销售也一样，应注重与顾客进行心灵沟通和情感交流，通过我们的言语感染、感动、感化对方，从而让对方乐于接受我们和我们的要求。

2

像占卜师一样去推销

众所周知，占卜师常常通过观察对方的言行举止捕捉其心理活动，然后投其所好，对症下药。最终，让对方非常信服。占卜师与人沟通用的这种方法，叫作“读心术”。在推销中，我们也可以像占卜师一样灵活运用读心术。一般来说，掌握读心术需要做到以下几点谈话技巧。

奶油原则获信息

这天，陈美玲到楼下的一家美容院做美容。帮她做美容的年轻小姑娘问道：“我想你有时候会觉得肩背有些不舒服，你有什么感觉？”陈美玲问道：“你怎么知道？我的肩背的确存在健康问题，经常会疼痛。”小姑娘笑道：“我想你一定是白领，这应该是坐办公室坐出来的吧？”陈美玲笑道：“你挺聪明的啊，我的确是在一家外贸公司上班，每天都得坐在电脑前工作。”小姑娘道：“常年坐在办公室，很容易让肩背受损的。”陈美玲说道：“是啊，我这都成了老毛病了。”小姑娘道：“我们这里倒有一款专供长时间坐着上班人群使用的保健椅，可以有效解决肩背疼痛的问题。”陈美玲说：“是吗？那你们现在还有没有保健椅，让我先看看吧……”

如果一个“占卜师”直接问顾客：“你肩背可能存在健康问题。”那他绝对不是优秀的“占卜师”。正确的询问方法应该是像小姑娘一样说：“我想你有时候会觉得肩背有些不舒服，你有什么感觉？”就像在咖啡里一点一点加入奶调味一样，要谨慎地通过小问题从对方身上获取更多的信息，这样才能安全地施展读心术。获取对方的信息是推销工作中重要的一环。在探查对方面对的难题时，试着从细节问题入手，这样做更容易听到对方的真实想法。

以退为进变主动

在一次图书洽谈会上，一位出版商销售人员向一位图书经销商推销青少年的课外读物。图书经销商说：“现在的学生大多不认真读书，他们连学校的课本都没有兴趣读，怎么可能去读课外读本？”很显然，经销商说此话的目的就是告诉销售人员他不想引进这家出版社的图书。怎么办？放弃这家吗？不，销售人员采用了“先肯定，后解决”的方法，接过话来说：“是啊，现在的孩子的确没有我们小时候读书用功，我们这套读本就是为了激发小朋友的学习兴趣而特别编写的，内容丰富，形式新颖，活泼，它对学校教材可以起到很好的补充作用……因此，我们出版社里出版的这种辅导读物的市场潜力很大！”销售人员这样一说，经销商不再认为这书没有潜力了，先订了一批试销后，发现效果不错，后面就追加订单了。

当客户提出反对意见后，怎么应对呢？直接反驳他的观点然后说自己的观点？肯定不行。一个聪明的占卜师从来不会反驳顾客提出的质疑，而是先给予肯定，然后通过客户的话语进行引申，以退为进，最终转过头来，把主动权又抓回自己手里。在上例中，这位销售人员用这种委婉的方式化解客户的担心，先肯定后解决，在末了不忘加上一句强化信心的话“这种辅导读物的市场潜力很大”，强化客户信心，使客户下单。

善于合作赢人心

美国歌手戈麦斯成名前非常艰难，只能在夹缝里抽时间创作歌曲，然后，天天带着它们去找一家音乐公司的经理，希望能被对方看上。但经理看完后，尽管表示挺喜欢的，但每次不是说这里还有一点点的瑕疵，就是说那里还有一点点小问题。戈麦斯很郁闷，向哥哥倾述遭遇。哥哥给他出了一个主意，叫他以后创作时，让经理提提意见。戈麦斯照做了，在下次创作时特意打电话给经理："经理，我正在创作一首有西部风格的民歌，我知道您在西部当过牛仔，您对西部肯定有自己的了解和感悟，我想请您帮个小忙，给我这首民歌提提意见，您看可以吗？"经理听后，马上就答应了。他只对作品提出了一点点自己的想法，但作品完成后，他却毫不犹豫地买下了。就这样，戈麦斯从此开始了自己的音乐之路。

"并非只有我能读出塔罗牌传达的讯息，有时你自己也能理解牌面的正确含义，请牢记这一点。"解读占卜的结果时，占卜师经常会小心地向顾客说明玄机，以此打开对方的心扉，让顾客主动提供自己的信息。推销中，我们也应该像占卜师一样，要想卜得准，重点在于让顾客参与进来。当你向顾客提交方案时，不妨像戈麦斯一样，加一句"您可能比我了解得更多，请谈谈您的看法"，这样就能引导他人给出建设性的意见。

预言本身有力量

这天晚上，收银机推销员杨青像往常一样，和几个朋友到隔壁餐厅吃饭。由于点的菜比较多，服务员又是用手写菜单，结果由于服务员写的字不清晰，厨师做错了一道菜。结账时，账单也是算了半天才算清楚。这时，杨青不失时机地对餐厅老板说："我看你们这样子工作很费力，还容易出错，不如买台收银机吧。"餐厅老板说："我这餐厅生意一般，买收银机没什么必要啊。"杨青说："我在想，或许正是因为你们工作效率还不是最高，而且容易出错，所以你们的生意才好不起来。可是，如果你们以后买台收银机，那么工作效率高了，也不会做错菜啥的，大家以后肯定更喜欢来这吃饭，餐厅生意也会更好，至少比现在要好很多的。"餐厅老板觉得杨青说得有道理，没过几天就真的去跟杨青买了一台收银机。

"抛开过去的不满，更加积极地与人交往，你的朋友圈会比从前大很多很多。"据说如果一个人从他人口中听到这样的预言，就能更有信心地投入社交，交际圈真的会有所扩大。这种现象被称为"预言本身的力量"，是通过让对方安心而令预言成真的技巧。而且，相比于预言本身，人们一般会记住预言成真的部分。可见，此例中的杨青的预言非常恰当。所以，在推销中，完全可以放心大胆地对客户预言：“如果你买了这个，你一定会越来越好的！”

著名推销大师乔·吉拉德曾说过：“聪明的推销员就像占卜师，瞬间就能洞察人心，这样，才能牵引顾客的购买动机。”不错，学会了占卜师的谈话技巧，推销就会变得事半功倍。

3

如何化解客户的压价难题?

作为卖家，面对客户的压价是再正常不过的事。如果你满足客户要求，就会影响产品的利润；如果你坚持定价，又可能开罪客户。其实，这时候只要我们了解到客户的压价原因，然后完美地解释为什么不能压价，常常能起到很好的效果，让客户毫无怨言地签下订单。

客户因害怕吃亏而压价，要把话题转到别的卖家

彭波在小镇上开了一家电脑店，一天，店里来了一位中年男子。男子姓陈，是个自由撰稿人，为了写稿和投稿方便，便想买个电脑使用。可是，陈先生对电脑根本不懂，虽然在听了彭波的介绍和指导后，对电脑感到非常满意，但他还是压价说：“3500元太贵了，3000元还差不多。”无论彭波怎样说明电脑的功能和配置值得这个价，陈先生始终不

肯改口。最后，彭波平静地对他说："陈先生，这样吧，您若认为3000元可以买到我这样的电脑，我建议您到其他电脑店咨询一下价格，所谓'价比三家'嘛，倘若我们店确实要价高了，我就按差价的两倍退钱给您，您看如何？"陈先生看彭波说得那么斩钉截铁，觉得电脑店的售价应该也没有水分，于是主动放弃自己不合理的要求，以3500元买下了那台电脑。

买家的心理自然是想"用最低廉的价格购买到满意的商品"，但是因为不懂行情，他们在购买商品时，总害怕受到价格欺诈，这是一种常见的大众消费心理。陈先生不懂得电脑市场价格，害怕挨"宰"，所以狠劲地压价。而彭波很好地把话题转到别的卖家来，告诉陈先生别的卖家的电脑不可能比自己店里的价格低。陈先生了解到行情后，自然就不会再不松口了。

客户因贪小便宜而压价，要把话题转到别的买家

一位三十来岁的少妇是药店的常客。她和一般顾客不同，挑选药品时虽很爽快，但好压价，每次都要求优惠一两元钱。一天，她来买一条（五瓶）21金维他，21金维他标价18元/瓶，差价只有0.5元/瓶，但她非说17元/瓶才买。营业员给她看进货发票，她说："讨价还价是正常的，谁知道你们

这种药是以什么折扣进的货？”营业员说：“您是我们药店的老顾客了，我怎么敢跟您漫天要价呢？您有所不知，上周我回家的时候，给我母亲也捎过两瓶21金维他，都是按18元/瓶的价格买的，还有你们那楼的李老太太来买，也都是这个价，不信的话，您可以去问问她。我保证，这确实是全市的统一零售价。”少妇见营业员说得有理有据，也就不好再说什么了。

不管你定价如何低，顾客也是习惯于讨价还价的。这位少妇的要求确实让营业员“进退两难”：若按照顾客的指定价格出售，药店净赔0.5元；若按照正常的销售价出售，肯定又让顾客很不满。在这种尴尬的处境下，营业员把话题转移到别的买家上，明确告诉她任何买家都是按这个价钱买的。少妇知道事实后，必定无话可说。

客户因预算不够而压价，要把话题转到别的产品

饭店老板马先生，经常到对面的商店购买食用油。一天，他又来买100瓶食用油。可是，由于近段时间食用油被炒得很热，利润空间很低，平常卖28元一瓶的2L食用油，现在卖30元一瓶。马先生生气地表示：“平常都是28元一瓶的，我的预算也就是2800元。如果涨价了，钱就不够了。”营业

员友好地告诉马先生："如果您觉得这个价格不合适的话，根据您给饭店购买食用油的需要，我建议您改换这种品牌的吧，这个价格是28元，也是2L的，您看怎么样？"马先生看了看另一个品牌的，虽然价格确实可以便宜两元，但是和原先用的品牌比，这个没用过的质量不知道怎么样。这样细细算下来，马先生觉得还是保险点比较好。于是，最终还是决定买原先那个品牌的食用油。

买家因为预算超支而向卖家压价也是经常发生的事。马先生以前买食用油都是28元/瓶，但因为价格提升了，超出了预算，导致他不停压价，希望照原来的价格购买。但是，这位营业员却很聪明地推荐店里类似作用但价格相对较低的产品代替。这样一来，就给了马先生最大的选择。顾客经过比较后，最终还是会选择最符合自己需要的产品。

客户因物非所值而压价，要把话题转到别的价值

小刘在一家儿童玩具商场当推销员。一对年轻夫妇来到商场，想为他们五岁的孩子买一辆可以在房间里开的玩具车，但当他们听到小刘推荐的那辆玩具车需要3000元时，表示虽然很喜欢可价钱太贵。他们说只想买辆玩具车给小孩骑着玩，平常一点的玩具车就可以了。所以，他们一直讨价还

价。对此，小刘告诉他们说："这辆玩具车虽然比别的玩具车贵一点，但是我们要看这辆玩具车的好处啊，你们看，这辆车设计得非常巧妙，不但容易开，而且最重要的是它有安全保护。不是有很多孩子在骑车时被撞翻了吗？像这辆玩具车就绝不会出现那样的情况。所以，我相信你们做父母的不只是希望孩子可以玩，更希望孩子可以放心地玩吧。"夫妇俩见小刘说得不无道理，便买下了那辆玩具车。

买家觉得价格太贵，往往只是因为觉得购买太好的东西没有必要。这对夫妇本来就想买一辆一般功能的玩具车，所以他们觉得小刘推荐的高级玩具车价格太贵，一直压价。小刘巧妙地把谈话的重点转到玩具车的另一个层面来，即它的安全性。正因为他指出父母不只是希望孩子可以玩，更希望孩子可以放心地玩，最终这对年轻夫妇买下了玩具车。

作为卖家，一定要学会沉着应对买家的压价问题。要先了解顾客压价的原因，然后通过转移话题，巧妙地解释产品定价的合理性，这样，才可以从价格上消除顾客的顾虑。

4

如何摆平客户的投诉

商家把商品卖给顾客，为的是赚取利润，从这个意义上讲，顾客可以说是商家的衣食父母。作为卖方，收到顾客的投诉是经常会发生的事。这时候，我们该怎样处理最为合适呢？

汉斯的笔记本电脑用了7个多月便电池漏液，把电路板腐蚀了。店里服务员不知道该怎么处理，就让他找领导谈。没想到，汉斯以为服务员推诿，便大吵起来。他说找不找领导是你们的事，笔记本从谁手里买的，就朝谁说。经理马克发现后，赶紧把汉斯请到自己的办公室，又沏茶又上烟，好一阵忙活，才让汉斯的情绪平静下来。马克说："我们卖了四年这个牌子的笔记本，怎么就让您赶上个问题货呢？抱歉！这个牌子已经停产，让厂家返修不可能了。您可以选一款价钱差不多的其他品牌笔记本。如果您没有如意的，我们就退给您钱，您到别的店选购。怎么样啊？”汉斯觉得对方真是替他着想，便改变了退货的想法，又添钱换了一款功能较好的笔记本。

汉斯的笔记本电脑坏了，经理马克对他又安慰又赔偿。以小的付出，维护了客户的利益，同时也维护了自身的信誉。明明是消费者吃了亏，作为卖方，如果还要找借口推卸责任，不管借口充分与否，都是在砸自己的牌子。维护消费者的利益，该赔偿就赔偿，在消费者心目中树立自己的品牌形象，会得到市场更好的回报。

胡雪岩的胡庆余堂成立之初，生意很红火。而同行店务本堂的生意明显受到影响。一天，一个壮汉在外边嚷嚷，要见大掌柜胡雪岩，说自己昨天从柜上买了一块丈二青缎，到家后拿尺一量只有一丈一尺。小二告诉胡雪岩，他并没给人短尺，这个人一定是来闹柜的。胡雪岩出来一看，发现此人是务本堂的跑街，便热情地说：“得罪，得罪。都怨我们不好，准是小二量布时把布拉紧了，给您少了尺。见谅！”然后，他又对小二说：“这位爷是务本堂大掌柜的亲戚，来我们店买布，是给我们赏光！你快扯一块足尺丈二青缎布，赔给爷！改天我们再登门拜访哈。”壮汉见胡雪岩认出他来了，自己干的又是败坏胡庆余堂名声的勾当，顿觉无地自容，拿起布料就走了。之后，务本堂的人再也没来胡庆余堂滋事，两家渐修于好。

壮汉的投诉明明是同行蓄意捣乱，胡雪岩则点到而没有说破，仍然以“包赔损失”化解了一场商敌的暗算。对无理取闹的投诉者，揭破总是无益的。之所以对方敢于担着道德风险跟你找茬，就说明其缺乏做人的底线，休想凭你的力量把他扳过来。因而尊重对方人格，对其行为点到而不说破，反倒能令其知耻而止。

一次，演员张会超和朋友喝了点小酒，便到剧组附近的杜宝君足疗馆泡脚去了。他们占了一个六人间，要的是80元一位的药疗加按摩。这下可以躺在床上聊上两三个小时了。没想到，一个小时过后，足疗结束，值班经理说他们要清场了。张会超当场就翻脸了，这不是撵我们吗？老板杜宝君来了，他了解到，今天客人多，值班经理就临时作出了这样的决定。便对大家说：“对不起，确实是我们的错，让您几位生气了。我的带班经理没长脑子，客人还没有玩好哪能清场呢？为多赚几个钱而损害客人的利益，实在罪过。咱也别说好听的了，几位接着尽兴。明天，我们刷海报，凡是刚刚离开的客人，凭小票免费享受一次同等价位的服务，如果不需要可以退费。您看怎么样？”张会超满意地说：“杜老板，有您这话就公道多了。我们明天各奔东西，就不来麻烦您了，几个小钱，也不用谈什么退费，后会有期。”随后，便招呼大家上车走了。

员工做错事了，老板杜宝君毫不掩饰，积极道歉，理赔，直到顾客满意。你的服务损害了消费者利益，敷衍塞责会越抹越黑，不可能解决问题。因此，一旦发生客户投诉，除了诚恳道歉，积极补救之外，一切的推卸责任总是徒劳的。因为只有得到消费者的谅解，你的生意才会有更好的前程。

李建军的电话突然多了彩铃业务，便找到营业厅来了：“你们公司怎么回事啊，不声不响地加彩铃收钱，宰人啊？”接待他的营业员在网上查到相关信息后，便给出耐心的解释。

营业员：这项彩铃业务实际是免费的，您不用着急了。

李建军：可我不想要啊，您把它给我删了吧！

营：删是不可以的，它和您的其他业务绑着呢。是从今年4月3日开始的，必须到明年3月3日才可以取消。

李：你们什么意思，凭什么采取强制的手段？

营：这是公司对客户的优惠，是随着其他业务绑定的。不用您交费，就用呗。

李：什么不用收费啊？也扣5块钱呢。

营：这个彩铃真的不收费。您是从4月份开始使用的，捆绑一年，我们将从5月份开始，每月1号返还您5元钱，抵扣您彩铃的费用。一共是60元钱，等于说您使用这一年的彩铃都不需要扣您的费用。您还可以根据您的喜好，随意更换您的彩铃歌曲。

李：是这样啊，那就用吧。

李建军以为公司强卖彩铃，显然是投诉错了。可营业员还是进行了耐心的解释，让李建军接受了这项服务。消费者误会商家是商场常事，若商家以为顾客太自私，是来找便宜的，那就错了。顾客维护自身权益无可厚非，即使投诉错了，也该受到尊重。对顾客的投诉给予耐心的解释，让对方既“知其然”，又知道其“所以然”，对方自会放弃己见，与商家达成一致。

投诉是消费者与商家沟通、行使权利的一种形式，哪怕是错误的、别有用心的投诉，我们也要以海纳百川的胸襟给予善待。商家是消费者群体养起来的，满足消费者的诉求，不让他们吃亏，实际上也是在保全商家自己的饭碗。

5

“推销之神”的成功秘诀

在日本保险行业，原一平绝对是一个声名显赫的人物。他是日本保险业连续15年全国业绩第一的获得者，曾被誉为“亚洲的推销之神”。那么，原一平的成功妙诀是什么呢？在此，我们不妨先来看看他的几个推销小故事。

逗客户一笑

原一平当年卖保险时为了一开始就能吸引客户注意，经常大声宣称自己是卖钞票的。

客户觉得很有意思，常调侃地问他：“你是卖假钞的还是卖冥币的？”

原一平笑着说：“我既不是卖假钞的也不是卖冥币的，但你给我2000日元，我卖给你50万日元！”

客户一时好奇起来，说：“骗我吧，哪有这等好事？”

见客户来了兴致，原一平瞅准时机，说：“这是我们的意外险，2000日元保50万日元。我们当然不希望您或者您的亲人出现什么意外，可是万一遭逢不幸，这笔保险就将彻底解决您的后顾之忧了。”

客户权衡一番，便跟原一平签下了保险单。

其实，原一平只不过是换了一个角度去说意外险罢了，但因为原一平的幽默，不但消除了客户的陌生感和戒备心理，还让客户听着很新颖，从而也就开始感兴趣了。这样，接下来的沟通就顺畅多了，最后的签单也就相对容易多了。在销售中，幽默是必不可少的一部分，因为只有在欢愉的气氛中，客户才会好好地听你介绍产品。而且，如果你把客户都逗得开心了，人家也就不大可能把你拒之门外。

为客户着想

有一天，原一平去拜访一位退役军人。军人有军人的脾气，如果没有让他信服的理由，讲再多也是白费心机。于是，原一平直截了当对他说：“保险是必需品，人人不可缺少。”

“年轻人的确需要保险。我就不同了，不但老了，还没有子女，所以不需要保险。”

“你这种观念有偏差，就是因为你没有子女，我才热心地劝你参加保险。”

军人说：“你倒说说看，我为什么要投保？”

原一平说：“当丈夫的，应当好好善待妻子才对。一个没有儿女的妇人，一旦丈夫去世，留给她的恐怕只有不安与忧愁吧。你刚刚说没有子女所以不用投保，如果你有个万一，请问尊夫人怎么办？你赞成年轻人投保，其实年轻的寡妇还有再嫁的机会。”

军人听后，终于点头道：“你讲得很有道理。好！我投保。”

推销员的准客户是形形色色的社会大众，这就要求推销员能根据客户的情况制定具体的推销方法，对症下药，找到让客户接受订单的理由。原一平替客户着想，站在军人的角度上想问题。他从军人妻子的方向打开缺口，对客户晓之以理，动之以情，着重说明了保险对军人妻子生活的保障。这样的说法让重感情的军人心悦诚服，最终买下了原一平的保险。

和客户亲近

原一平有一天去烟酒店拜访。这家烟酒店是前次直接促成的新客户，这是原一平第二次前去拜访了，所以原一平比较松懈，把原来头上端端正正的帽子都戴歪了。

烟酒店老板一见原一平懒散的形象，就生气地大叫起来："喂，你这是什么态度，你懂不懂得礼貌，歪戴着帽子跟我讲话，你这个混蛋！"

原一平立刻弯腰鞠躬，深表歉意地说："唉！我实在惭愧极了，我是带着向亲人请教的心情来拜访你的，绝没有轻视你的意思，所以请你原谅我好吗？"

老板转怒为笑："喂，没有这么严重，你把我当作朋友，我也高兴。我看这样吧！上次我不是投保了5000元吗？我看就增加到3万元好啦！"

推销员总有犯错的时候。遇到一些挑剔的客人，招来一些骂声是正常的。因此，推销员随时要有心理准备，在犯错误之后，要懂得随机应变。原一平在自己失礼之后，除了向客户作出真诚的道歉之外，更借机让客户明白，他的无礼，是基于他把客户当成了无须顾忌的好朋友。生活中，没有谁不喜欢亲近友好的人，所以原一平才会不但让客户转怒为喜，还让他追加了保险金额。

让客户决定

原一平已多次拜访一位准客户，但从来不主动详谈保险的内容。有一回，准客户问原一平："你我相交的时间不算短了，你也帮了我不少的忙，有一点我一直不明白，你是保险业务员，为什么从未向我介绍保险的详细内容，这是什么缘故？难道你对自己的保险工作也不关心吗？”

“怎么会不关心呢？我就是为了推销保险，才经常来拜访你啊！”

“既然如此，为什么从未向我介绍保险的详细内容呢？”

“坦白告诉你，那是因为我不愿强人所难，我素来是让准客户自己决定什么时候投保的。从保险的宗旨和观念来说，硬逼着别人投保也是错的。再说，我认为准客户应在感觉有需要后再去投保。因此，未能使你感到迫切需要，是我努力不够，在这种情形下，我怎么好意思开口硬逼你买保险呢？”

“嘿，你的想法跟别人不一样，很特别，真有意思。如果我现在就要投保……”

“那我跟您具体谈谈为您量身定做的保险套餐。”

推销员大多伶牙俐齿，遇上准客户往往滔滔不绝介绍个不停，以期通过言语的“轰炸”，来说服客户购买产品。而这，其实是一个误区。一来客户一般没那么多闲情逸致来听你啰嗦；二来碰上那种脾气急躁的客户，你准会碰一鼻子灰，甚至还遭一顿恶骂。然而，原一平就非常聪明地选择让客户自己决定。作为销售员，一定要记住，对于客户没有迫切需要的事物，你说再多也没有用。

原一平为什么能成为“推销之神”？他为什么能够成功推销出那么多的保险？通过以上几个小故事，我们发现这完全在于原一平懂得逗客户一笑、为客户着想、和客户亲近、让客户决定。而他这些高超的推销技巧，同样也值得我们学习和借鉴。

第五章　领导力

说话说得对，管理管到位

1

领导要善于“解剖麻雀”

“解剖麻雀”是一种重要的领导方法，具体是指按照问题和理论的逻辑层次，从现象到本质，从原因到结果，从一般到特殊，由浅入深，一层一层“剥壳”，最后揭示问题本质。所以，“解剖麻雀法”也叫层层剥笋法。

张五常：百思不解的问题该怎么办

思考受阻该怎么办？张五常说：“拼命想时想不到，不想时答案却走了出来，是常有的事。其实，花费在百思不得其解的问题上的时间并没有白费。将问题搁置一旁，过些时日再想，可有奇效。就是不再想，答案也可能会在无意间得到。贝加的文章，好的都是下了多年的功夫。高斯就有几篇等了30多年的文章。科学上的思考是一门专业。跟其他专业一样，熟能生巧，而等待无疑是思考的一个重要的步骤。”

思考受阻时是彻底放弃还是继续啃硬骨头？张五常告诉我们要学会暂时搁置。暂时搁置并不是完全放弃，而是为重新出发做更充分的准备。张五常还以自己和两位诺贝尔奖得主贝加、高斯搞研究慢工出细活为例，通过层层剥笋阐释了等待在思考中的重要作用，令人信服。

刘强东：稳定的团队结构来自哪里

谈到团队管理，刘强东说："第一，人才结构80%的钢和20%的金子是相对稳定的团队结构。钢是公司核心的员工主体，价值观匹配，业绩较好。有的员工价值观和你公司的价值观匹配度非常高，能力也非常强，就称之为金子。20%的金子，有可能是技术人员，不一定是管理人员。各部门出事，往往是公司的金子占比过低造成的。而金子太多是不稳定结构，会影响公司发展，薪水等等都是有限的，导致很多金子出去创业，纷纷被挖走。第二，第一时间要干掉的就是铁锈。有一类员工能力非常强，业绩非常好，但他的价值观和你不匹配，我称这类人为铁锈。铁锈口才好，又有能力，腐蚀性强，会成为群体的领导。当他对公司进行破坏的时候会造成很大的杀伤力。全世界最大的铁锈是谁？希特勒。"

团队管理是一个大而宽泛的问题，刘强东选择从员工的价值观与公司的价值观匹配度高低入手，由浅入深，层层深入分析，把不同类型的员工分别比作金子、钢和铁锈，强调了金子和钢占的比例要符合二八原则，并指出了比例失调会产生什么弊端，而铁锈一定要毫不犹豫地在第一时间干掉的原因所在。让大家对他的团队管理艺术有了更深刻的认识。

史玉柱：如何为员工“加工资”更有效

怎样“加工资”更有效？史玉柱说：“加工资是刚性，可以留人；加激励是弹性，可以激励人；加工资，员工总会觉得自己拿得不够；加激励，员工会觉得可能是自己努力不够；加工资，员工压力较小，改进相对就少；加激励，员工压力较大，改进相对较多；加工资，动力在企业；加激励，动力在员工个人。我们为什么要设计富有激励性的薪酬机制呢？因为没有竞争力的薪酬，就好像拉车的马没有喂足草料；没有丰富激励的薪酬，就好像表演的海豚不能因为每次表现得到小鱼；没有不断增长的薪酬，就好像天天长大的白虎得不到更多的肉食；没有长期薪酬计划，就好像猎狗只是为一顿饭而捕食。”

史玉柱先是从四个方面对加工资和加激励所产生的效果

进行比较，让大家在对比中认识到后者更有效，接着进一步拿拉车的马、表演的海豚、天天长大的白虎和猎狗为例，形象生动地阐释了设计富有激励性的薪酬机制的重要性。这种“摆现象—析特点—挖根源—指办法”的说理技巧，让大家更容易明白他的观点。

“解剖麻雀法”自然是通过深入研究具体典型，从中找出事物的规律。共性寓于个性之中，“麻雀虽小，五脏俱全”，解剖几只麻雀，可以从中得到对所有麻雀共同本质的认识。

2

给迷茫的下属开良方

由于认知水平有偏差，一些员工做事很认真，但效率却不高，有的甚至裹足不前。这时候该怎样拨开他们心中的迷雾呢？

销售部经理向陈春花诉苦：“很多员工觉得我发奖金不公平。”陈春花说：“在奖励员工的时候，一定要把员工获得奖励的原因彰显出来，让大家了解到先进员工的付出。比如说一等奖是10万元，奖励一名贡献突出的员工，但是这个时候其他人都觉得不公平，因为其他人只拿1000元钱，为什么他拿10万元，哪怕他拿1万元，剩下9万元给我们分分也好。但是如果我们宣布一名员工获得一等奖之后，公布他所做出的绩效和所付出的努力，公布他一年来所做的事情，所耗费的精力和时间，依然是奖10万元给他，大家就没有意见了，而且觉得很公平，因为大家发现这名员工所做的事情，他们无法做到，正是这名员工的贡献，才有公司的进步。大家会欣赏他，同时也支持他得到这10万元的奖金。”

陈春花在此强调了奖励要重在彰显获奖者的业绩，淡化奖金的多寡，这样的“厚此薄彼”因为有显著的绩效做铺垫，大家的注意力都集中在对方的付出上，通过自我比较，自然会感到公平。面对下属的困惑，通过举例阐明为何这样做，更容易消除下属的疑虑。

有员工向任正非道出自己与他人合作时总感觉进退两难，任正非说：“合不合作都是利益问题，我个人是主张竞合。合作要找强者合作，比如有时候我汽车没油了，我就蹭他的车坐一坐，总比我走路好，总比我骑毛驴好。所以我们要敢于、要善于搭上各种车，我们这个利益就多元化了，利益多元化，谁能消灭你？就像微软，多少人在微软windows上开发了二次应用、三次应用，如果微软没有了，他们所有的应用都要重新搞一遍，他们怎么会希望微软垮掉呢？苹果短期也不会垮掉，因为苹果有很多伙伴，你看现在教学系统很多都是用苹果软件，上苹果APP Store，教材全下来了。我们也要向这些公司学习，也要走向这条路。”

面对员工的难题，任正非先是拿汽车没油了蹭他人的车坐一坐与走路和骑毛驴进行优劣比较，形象地刻画了找强者合作的好处，接着拿微软人开发二次应用、三次应用，及现代化教学系统使用苹果软件为例，进一步阐释了合作的重要。一番精妙举例，使员工不但明白了合作的重要性，而且懂得了要与强者合作的道理。

有的产品经理辩解说自己无法找出新产品的问题。马化腾说："发现产品的不足，最简单的方法就是天天用你的产品。我相信，如果产品上线的时候产品经理能坚持使用三个月，一定会发现不少问题。而问题是有限的，一天发现一个，解决掉，你就会慢慢逼近那个'很有口碑'的点。不要因为工作没有技术含量就不去做，很多好的产品都是靠这个方法做出来的。我们的领导不仅仅要安排下面的人去做，自己一定也要做。这些都不难，关键要坚持。当然还要经常到各个产品论坛去'潜水'，听到不同的声音和反馈。然后主动和用户接触、解决。"

针对有的产品经理找不出新产品的"病症"，马化腾先是一针见血地指出病因——如果没有对用户需求的深入洞悉，也就没有快速的产品完善反应。接着，他以自己的经验为例，开出很普通的药方——天天用你的产品并养成经常到各个产品论坛去“潜水”的习惯，发现问题并及时解决。如此药到病除，令人深受启迪。

开导下属时，你一张口就讲大道理，下属未必会乐意听。如果懂得循循善诱，巧妙地给下属开出良药，下属自然会更容易理解领导的用意，用好领导所开的药方。

3

巧妙应对固执己见的下属

由于职场冲突，或是个性心理使然，有时候下属会顽固地坚持自己的意见，不肯改变。这时候对其放任自流，会大大削弱团队执行力，危害整体工作。面对下属的固执己见，作为领导，应该怎样说服呢？

比较说理

近几个月，天河公司老总井海民决定委托一级代理商在属地招商，增加二级代理终端，公司按二级代理商销售额的5%发给一级代理商补贴。没想到，西安区销售主管谭会超并没贯彻这项政策，他想“肥水不流外人田”，有钱让员工赚。井海民督促谭会超说：“三个月了，你们区的‘二级代理’还是零。”谭会超说：“我们的销售额还有所提高呢。”井海民说：“销售额有所提高，你提高了多少？不比北、上、广，比太原总可以吧？太原的销售额原来和你们不相上下，现在他们发展了八十多家‘二级代理’，销售额增加了一倍，员工减了劳动量，月薪反增两千多元，这还不算提成……”井海民的话还没说完，谭会超就觉得自己打错了算盘，后悔没有及时跟进公司的决定。

西安区谭会超为让员工多赚钱，坚持不发展“二级代理”，井海民把太原的情况拿过来与之比较，让谭会超后悔自己打错了算盘。下属对眼前利益固执己见，转不过弯来，往往缘于眼界狭窄，只看到一面，而没有看到另一面。领导把下属没有看到的一面拿来做比较，让下属看到固执己见危害了自身利益，他们就不会再坚守自己的意见了。

举例证理

为了避免观众拍照，荷兰博物馆女工范本尔建议，为关掉手机的观众免费发放纸笔，让他们临摹名画。这个建议被卢卡斯馆长采纳，但管理处长费力克斯却说，范本尔销售都干不好，能有什么好主意？费力克斯当班便不给观众发纸笔，常被观众投诉。这天，卢卡斯馆长对他说：“费力克斯先生，这幅画价值连城，你知道作者是谁吗？对，是梵高。梵高是我的老乡，穷困、潦倒，一生没一个女人爱他，最后活不下去，竟开枪自杀了。人们会不会因为这些就不喜欢他的画呢？当然不会。范本尔的境况比梵高强多了。范本尔不擅长销售门票，她别的方面也不好吗？”“那不一定。”“对！我们不该嫌屋及乌，出于偏见而漠视她的建议。何况她的建议已经变成了公司的决定呢。”听了卢卡斯馆长的话，费力克斯转了弯子，感觉真的不该看不起范本尔。

费力克斯对范本尔有偏见，又固执己见，抵制她的建议，卢卡斯馆长举出梵高的例子，说服费力克斯不能嫌屋及乌，使其转了弯子。下属因为有偏见而固执己见，你仿照其偏见举出一个不该有偏见的例子，对下属的偏见进行映射、按摩。下属对你的意思心领神会，立刻便能反思和纠正自己的偏见，这时候，你再想让他们固执己见都不可能了。

辩证明理

发售部主管柳唯和会计任月惠因为费用报销认定不一致吵了架，事情过去好几天了，柳唯还坚持要任月惠道歉。这天，柳唯又找王总说：“任月惠倚仗职权，报销费用故意刁难，出言不逊，就这态度，必须跟我道歉。”王总说：“是任月惠的火气大，还是你的火气大？”“当然是任月惠的火气大，公司都搁不下她了。”“为这件事，你已经找我三次了，任月惠那边风平浪静，一次都没找过我，说她火气大不对吧？男子汉大丈夫，又是部门主管，话赶话和一个女同事掰了脸，还揪辫子让人家道歉，你也太没有气量了。两个人抬杠拌嘴，不可能是单方面的问题，‘一个巴掌拍不响’。任月惠是女职工，堂堂大男人让女人道歉，总是不大好啊？”王总这一说，柳唯脸一红，便打退堂鼓了。

柳唯因为吵架耿耿于怀，要任月惠道歉，王总则实话实说，辩证地讨论是非对错，给柳唯的情绪降温，把他的固执己见浇醒了。工作摩擦波及情绪，往往使下属固执己见，阻滞工作。不良情绪是固执己见的前因，也是固执己见的动力。下属固执己见，我们务须摆事实讲道理，帮他们釜底抽薪。刹住不良情绪这驾车，固执己见也就不复存在了。

下属固执己见影响工作，领导及时介入是应该的。但我们没必要施以长官命令。只要潜下心来谆谆教导，他们就会自己走出误区。

4

员工有意见，领导怎么说

企业运行中，员工总会有各种意见和看法，有智慧的领导善于运用言语的力量去说服员工，统一思想，保持步调的高度一致。

语重心长，融化坚冰

在很多公司，员工都享有班车这项福利，而在赫赫有名也很富有的阿里巴巴，员工竟然没有班车，员工们对此意见很大。有一天，马云跟员工语重心长地说："有些事情不一定非要别的公司有，阿里就必须有。我看过太多国企都开了班车，现在却关门了——下午5点钟铃声一响，班车一来，大家全回家去了。阿里不是买不起车，没有车，员工必然会选择其他交通工具来确保自己上班不迟到，无论是骑自行车，坐公交车，还是挤地铁，所有优秀的公司和员工都可以做到。即使给大家提供了班车，迟到的员工会更多，怠慢工作的人会更多，我们不是在乎加班这点工作，我们真正在乎的是作为员工的你是否在乎你的工作、热爱你的工作，如果你的答案是肯定的，那么你一定可以做到不迟到。希望每一个阿里人都能牢牢记住，自己的每一笔收入和奖金都是靠自己的努力争取来的，不是别人给你的。”

马云没有无视员工意见的存在，而是积极沟通交流。他通过有无班车产生的利害的对比，引导员工认识到没班车更能改变到点上班、到点下班的舒服状态和不愿多努力的习惯，造就更多勤奋敬业的优秀员工。一番话语，彰显良苦用心，而且情理兼备，十分自然地引导大家走出误区，消除心中的不满，使员工万众一心朝着阳光的方向前进。

言由心生，闻过则改

有一次，史玉柱许诺员工完成任务后给奖金10万元，不料员工完成任务后，史玉柱感到任务简单，不想兑现10万元的承诺，导致员工怨声载道。史玉柱诚恳地对员工说：“这确实是我的错，我一定会给大家兑现的！我本身有这个毛病，在布置任务时，往往没有深入了解任务难易程度就夸下海口，结果任务很简单。因为过于简单，我又不想兑现，由此整个公司陷入全面的信任危机，领导与员工互不信任，公司运转就会陷入瘫痪。所以，我一定会吸取这次信任危机的教训，要定下一条企业文化：说到做到，如果做不到，就不要说。我个人承诺的奖励一定会兑现，以此来树立正面信誉形象，只有领导和员工彼此信任，公司才能够毫无顾忌大步向前。”

史玉柱的一次“不践诺”，就引发公司信任危机。好在他能不回避，不打压，及时听取意见，闻过不怒，且能检讨过失，吸取教训，过而改之，将“说到做到”纳入企业文化建设，可谓高度重视。一番话语，彰显他的胸怀和境界，不仅拉近了与员工的感情距离，安抚了人心，而且重塑了个人和公司信誉形象，必将鼓舞更多的员工把事业推向一个新的高度。

仗义执言，掷地有声

有一次，京东员工私下议论说：“公司要是把保安、保洁、快递员都外包给第三方，我们一年就可以有十几个亿的净利润，早就可以赚钱了！”刘强东听到后，严肃地说：“我再重申一遍，有人说把员工外包给第三方，可以省下多少多少钱，但我认为这是耻辱的，这个成本永远是不可以省的，京东不允许这样做。我们每一个聘用的人员，保安、保洁、每个快递员都必须跟京东直接签劳动合同，不允许有一个员工交给外包公司。一些外包公司是不遵守劳动法明文规定的。如果一家公司是靠克扣员工的五险一金挣钱，牺牲他们60岁以后保命的钱，那是耻辱的，赚了多少都会让我良心不安。如果我没有责任感，那么这家公司的存在也没有价值和意义。”

作为电商企业，如果将配送员等基层员工外包给第三方公司，无疑可以节约大量成本，但刘强东是一个很有社会责任感的老板，他深知为京东服务的基层员工一旦外包出去，他们的一些切身利益都有可能得不到保证。所以他没有听从一些员工的意见，而是宁可牺牲利润，也决不将员工外包，并用“是耻辱”来表达自己坚定的态度。一番话其情真真，其意切切，令人感动。

员工意见往往会有很多：有正确的，也有不正确的。作为领导就要认真分析，对于该坚持的、该改正的、该反对的，都要讲出自己明确的态度和理由，让人心服口服。唯此，员工才能心正气顺，与企业同呼吸，共命运。

5

如何拒绝下属给你送礼

在单位做个小头头，挣钱不多，管事不少，被下属所仰视，还有人给送礼。下属和上司拉关系，送礼总是有借口，或却之，或受之，你该怎么说？

不　可

张超经理闹腰病，郝立从网上淘来一个胖狗狗抱枕送过来，他说：“您腰疼，让这个狗狗给您靠背垫腰，您一定喜欢。”张超问：“花多少钱啊？”“这是我从网上买来送您的，才200元。”张超说：“小郝，这万万不可。你工资不高，又正在谈朋友，怎么好让你破费？我看得出来，你平时也很节约，有钱自己舍不得花，这很好，年轻人就应该多存点钱。就算花钱，也要花在该花的地方，比如给你爹花给你妈花都是应该的，毕竟他们都老了，他们更需要你的照顾。给我花，就不合适了，我们毕竟是一个单位的，搞不好别人看到了还以为我们徇私舞弊。所以这狗狗，你应该拿回去。”郝立点头称是。

出于对上司病情的关心，郝立给张超送抱枕似乎也是人之常情，但是张超却用一番循循善诱的话语，给他讲道理，告诉他钱应该花在父母身上，而不是上司身上，最终巧妙地拒绝了郝立的送礼。其实，很多员工送礼，都是希望自己得到领导的重视，或者和领导套近乎，作为领导，如果能够让下属明白，送礼不是对领导好，而是害领导，下属也就不会再送礼了。

不　用

马华参加省骨干教师评选过关斩将，材料要报省教育厅了。晚上，她到王金校长家串门，并送了5000元大钞，说：“我怎么想怎么不放心，真正办事的不是您一个人，这点钱是给您打点事情的。请大家吃吃饭，喝喝酒，不能老是让您垫人情。您收下，我心里就踏实了……”校长一听就懵了：“这话怎么说，您给我钱让我去打点什么，请谁吃饭喝酒？没有的事。您的材料已经准备好了，学校和教育局的评审全部完成，三天之后报教育厅，用不着被评审人花钱。您有什么不放心，有什么不踏实的？您把钱放兜里，把心放肚里，我说用不着就是用不着，两个月之后出结果，您绝对不会被淘汰。时间证明一切。”

马华担心参评事宜有变，便送礼金求“打点”。王金的“不用”说得斩钉截铁，不容动摇，其拒绝态度，让马华吃了定心丸。下属对上司的公正性有疑虑，便以礼物沟通情感，总怕自己花钱少。对于此等礼物，上司务须婉言谢绝，对下属给出合理的解释，以打消他们的疑虑。关系透明，上下无猜，工作才和谐、融洽。

不　行

发展部主管空缺，董红燕拿了东西到人事部兰亭部长家说：“这两瓶红酒是老公出差带回来的，兰哥尝尝好喝不。这是给嫂子的美容年卡和健身卡。”随后，董红燕便说她想到发展部当主管，求兰亭帮忙调动。兰亭说：“你真会打算盘，主管这层干部确实是我说了算。你给我送这么贵重的东西，日子不过了？不过实话告诉你，尽管这个职位空缺，但你没有希望做替补，你还差着层次呢。把东西拿回去，好好干事，让业绩提升才有说服力，靠送礼不灵。”董红燕傻眼了：“兰部长，您不收，我太丢面子了。”兰亭说：“把东西拿走，只要业绩上去了，你绝不会因此丢面子。”

面对董红燕行贿，兰亭部长斩钉截铁地回绝“不行”，并劝导她好好工作。这是对下属负责，对工作负责，体现了领导的正能量。职场不是真空，某些关键岗位，下属行贿买通上司的事时有发生。作为部门领导，遇到下属行贿必须明确说不，言明利害，给予批评。上司说得正，下属行得端，工作才有生气。

上下级关系主要靠工作维系，但也不排除其他手段。一旦有下属给你送礼，不要心安理得，务须说好自己该说的话，不能让自己“手短”。

6

如何唤醒员工的危机意识

古人云：“安而不忘危，治而不忘乱，存而不忘亡”。尽管这是治国安邦之策，可对于企业管理同样适用。为了促进企业的发展，管理者就要学会唤醒员工的危机意识。

向员工灌输企业的危机意识

在捷报频传的日子里，任正非发现很多员工骄傲自满，所以他曾多次说：“华为离死亡可能只有一步之遥！”而在内部讲话中他也提醒道：“金融危机随时都可能到来，我们一定要降低超长期库存和超长期欠款。以前我们的货款记录不清晰，客户来还欠款时，我们还莫名其妙，连合同和欠条都找不到了，如果客户不还钱，多少预备金都付诸东流。现在是春天吧，但冬天已经不远了，我们在春天与夏天要念着冬天的问题。IT业的冬天对别的公司来说不一定是冬天，而对华为可能是冬天。华为的冬天可能来得更冷，更冷一些。我们还太嫩，一定要时刻保持清醒的头脑，不断创新，锐意进取，才能够生存下来。”任正非的“过冬论”让员工深刻地意识到企业存在的危机。

英特尔公司原总裁安德鲁有句名言：“惧者生存。”任正非用挑剔的眼光指出公司存在的诸多问题，告诫大家如果整天沉浸在已有的成绩中不思进取，那么公司随时都有可能突然死亡。任正非以大量令人信服的信息让员工体会到企业的危机真的会来临，很好地激发了员工不断积极向上的斗志。

向员工个人灌输职业危机意识

刘强东给员工创造了很多福利，也因此导致一些员工过起了小资生活。刘强东发现苗头后，在公司年会上说：“自京东成立以来，我们很少开除人，包括高管。如果绩效考核没过关，只要没什么原则性的错误，那基本就是轮岗。在多次的岗位转换中，这样的员工基本处于一种半退休、半养老的状态。随着企业的发展以及管理思维的转变，我逐渐意识到这种处理方式的弊端。这是一种不负责任的做法，对企业不负责任，对员工同样不负责任。权衡考虑之后，管理层达成一致意见，与其让这些处于半退休、半养老状态的员工在企业继续混日子，不如干脆一点、果断一点，尽快把他们请出京东。公司之所以作出这样的决定，绝不仅仅是因为这样的员工自己绩效不佳，更是因为他们对整个团队的心态和氛围产生了极其恶劣的负面影响。”从那以后，再也没人敢倚老卖老混日子了，员工们纷纷意识到了自身在企业内面临的下岗危机。

刘强东一针见血地指出了小资员工对公司发展所产生的危害，并对他们发出了最后通牒。这样的话语，让员工切身感受到企业生存与发展的危机与个人根本利益密切相关，不努力、不创造业绩，就会被淘汰。个人前途危机虽然可怕，却是让员工展现自我，挖掘员工潜能的最有效的武器。

要唤醒员工的危机意识，管理者就要经常向员工灌输企业危机和个人的前途危机，让员工明白企业生存环境的艰难，以及由此可能对他们的工作、生活带来的不利影响，这样才能有效激励员工勤奋努力工作。

第六章　表达力

说对别人有用的话，才有人听

1

你的话对别人有用吗?

有时候，你口若悬河滔滔不绝说得情真意切有理有据，为什么别人却听不进去？原因往往是你说的对别人没有用，说得再好也无济于事。那么，说哪些话才能对别人有用呢？

指出问题的症结

有一次，被问及如何评价乐视出现的危机，360创始人周鸿祎直言："绝大多数企业不是死于饥饿，而是死于欲望。无论创业者有多伟大的梦想、多高远的志向，都不能把自己的头发拽离地球，即一些商业的基本规律不能违背。无论使用再新的技术，冠上再高大上的名词，比如'生态'，都应遵循商业逻辑，商业必须要聚焦。乔布斯这么牛的人也只做了一件事，就做iPhone，至少苹果现在还没做汽车。我承认你们老板（贾跃亭）很牛，但他再牛要同时拳打亚马逊、三星、迪士尼、苹果、特斯拉，也是不可能的。别人是5个茶杯12个盖子，你们老板是12个茶杯2个盖子，能盖得住所有茶杯吗？”

周鸿祎没有故弄玄虚绕圈子，而是一针见血指出乐视危机爆发的根源是违背了商业必须要聚焦这条基本规律。为了进一步把道理说透，周鸿祎以乔布斯专注做手机为例，通过茶杯与盖子数目多寡的比较，从正反两方面很好地阐释了创业者应该学会控制欲望的道理，指出只有专注某一领域、投入充足资源，才能获得领先优势，进而谋求下一步扩张。

指明前进的方向

在谈到家庭教育时，童话作家郑渊洁说：“我认为，合格家长的标志是——把为家族创造荣耀的重担自己挑，给孩子构建一个轻松惬意的人生。不合格的家长的标志是——把为家族创造荣耀的重担让孩子挑，自己则不思进取。于是，从孩子出生起，没有名气和成就并且只有小学四年级学历的我就开始玩命通过写作为美好的人生而奋斗，在孩子两岁时创办了古今中外没有先例的一个人写一本月刊的《童话大王》杂志。我当着孩子的面一个人把这本月刊写了25年，直到今天还在发行。我这样做，一方面是给孩子做榜样，让他目睹父亲如何通过正当劳动将一贫如洗的家变得富有。身教的作用不可估量，家庭教育不是管理，而是示范和引导。另一方面，父辈为家族创造了荣耀，孩子的人生压力大幅降低。”

很多家长有了孩子后，把所有的希望都寄托在孩子身上。而郑渊洁有了孩子后，把所有的希望放在自己身上。郑渊洁现身说法，并通过巧妙的比照，很好地论证了身教的作用不可估量的观点，让家长们在反思中揣摩和领悟家庭教育不是管理，而是示范和引导的道理。这给初为人父人母的年轻人教育孩子指明了正确的方向。

指导做事的秘诀

学国画有什么秘诀？艺术家孙其峰这样说：“国画讲究‘师造化’，用现在的话来说就是要写生，要出去画速写，这就好比是到银行存钱，到创作时就好比是取款。平时不存钱，不积累，到紧要关节时只能干瞪眼，即使勉强画出来，也必然十分苍白。失血的东西总是难有生命力的。我今年已经90岁，之所以还能画，还能出作品，没别的，就是因为当年舍得存‘钱’，舍得坚持不断地存‘钱’。没有当年写生的功底，没有当年速写的锤炼，现在脑子里一片空白，那就连‘赊账’的地方都没有了。”

孙其峰先是巧打比方，把写生和创作分别比作是到银行存钱和取款，如果平时不注意日积月累地存，到了该用的时候就会捉襟见肘，形象地阐释了写生是创作的基础和源泉，创作是写生的爆发和升华的道理。接着，他又以己为例，进一步阐明了打好基础的重要性。孙其峰一番循循善诱的告诫对学国画的人无疑起到了指点迷津的作用。

生活中，要说出对别人有用的话，就要学会透过现象抓本质，捕捉问题的核心点和关键点，只要能把问题点得准、点得实、点得深，你的观点自然也会给对方留下深刻的印象。

2

如何才能言之有物?

我们平时与人沟通时，都想通过交谈获得知识、拓宽视野、增长见识、提高水平。成功的交谈一定要有观点、有内容、有内涵、有思想，而空洞无物、废话连篇的交谈是不会受人欢迎的。那么，怎样才能让我们的讲话“言之有物”呢?

分享自身心得

在娱乐圈，袁弘的好人缘一直令人称道。谈及如何避免“交友不慎”，袁弘说：“朋友在于质量，不在数量，真正的朋友是一辈子的而不是一阵子的。生活中，主要还是看这个‘朋友’身边的朋友是谁。我要看他身边都是由什么人组成的。用我们今天的话说，就是观察他的‘朋友圈’。因为他的朋友圈里都是些什么人，他就会是什么人。任何一个人都会或多或少受到身边朋友的影响，而且是潜移默化的。和什么样的人在一起，就会有什么样的人生。和勤奋的人在一起，你不会懒惰；和积极的人在一起，你不会消沉；与智者同行，你会不同凡响；与高人为伍，你能登上巅峰。”

袁弘先是坦言朋友不在于数量上的多寡，而在于质量是否上乘，接着借用网络语言强调了要善于把朋友所处环境的半径放大，通过观察一个人的“朋友圈”来认识他是否值得交往。这一方面很好地诠释了“物以类聚，人以群分”的道理，另一方面也道出了交友的一个秘法，令人听后深受启迪。

展示独特体会

谈到阅读经典的体会，著名作家毕飞宇说：“我们在中学或者大学中文系，有个重要环节是提炼作品主题思想。一部经典作品是‘水’，提炼主题思想就是‘盛水的杯子’。但‘盛水的杯子’只是一个工具，而人们往往拿到了‘盛水的杯子’，却把‘水’倒了。对我们写小说的人来说，可以把‘盛水的杯子’送给你，但自己对‘水’更敏感。所以，把‘盛水的杯子’给你的同时要告诉你，不能只把‘盛水的杯子’当成玩具拿在手上玩，要好好喝‘水’。”

阅读经典是看原著好，还是看压缩本或者由原著改编的影视剧好，毕飞宇没有直接给出自己的观点，而是把经典作品和其主题思想分别比作是“水”和“盛水的杯子”，告诫我们要真正领悟作品的精髓单靠提炼主题思想是远远不够的，必须静下心来好好阅读经典作品。毕飞宇这番展示自己独特体会的精妙比喻，使得抽象的道理变得具体化，让大家对如何阅读经典有了更深刻的认识。

剖析问题核心

曾有人问任正非，中国有可能诞生出许多个“华为”吗？任正非回答道：“完全有可能。任何小企业想要做大，就得专心致志为客户服务。小企业特别是创业的小企业，就是要认认真真、踏踏实实、真心诚意为客户服务。小企业不要去讲太多方法论，就是要真心诚意地磨好‘豆腐’，‘豆腐’做得好，一定是能卖出去的。一个人一辈子能做成一件事，已经很不简单了，为什么？中国有 13 亿人，我们这几个把‘豆腐’磨好，磨成好‘豆腐’，你那几个企业好好地去发‘豆芽’，把‘豆芽’做好，我们13亿人每个人做好一件事，拼起来就是伟大祖国。”

万丈高楼平地起。任正非把华为和更多的中小企业分别比作是磨“豆腐”和生“豆芽”，形象地阐释只要把事业做好就一定会为社会创造更多的财富，就一定会受到民众的信赖和支持。他的这番由浅入深的说理，无疑给小企业健康发展指明了前进方向，鼓足了干劲。

交谈时，要做到言之有物，就一定要正确反映客观事物，恰当地揭示客观事理，贴切地表达自己的思想感情和真切感悟，将所要传递的信息准确地输送到对方的大脑里。这样，你的谈话一定会受到对方的欢迎。

3

平实质朴的话最动人

所谓平实质朴的话，是指在交谈时，语言通俗易懂，深入浅出，如话家常，以平实感染人，以质朴打动人。那么，哪些话才是平实质朴的话呢?

实在话

记者采访笑星巩汉林：“您觉得一个好的小品剧本应该是怎样的？”巩汉林：“从细微处入手，踏踏实实寻找生活的热点，寻找群众关心什么。我们都说，好作品要扎实、不‘对付’。现在有些作品，好像‘对付’似的，可能因为现在平台多、任务多，活儿也多，大家都忙。就好比我们忙的时候，吃饭也不一定有空，随便吃口面包，但是对身体不健康。同样，如果是这样做出的作品，观众能满意吗？所以我认为，要出精品，就要学会放下和舍得，一门心思做准备。

文艺工作者一要关注生活，二要有工匠精神。从这两点出发，才能创作出无愧于时代的作品。”

常言道“慢工出细活”，慢，意味着要付出更多的精力和时间打磨作品。然而，在追求快节奏的当下，真正要做到这一点谈何容易。巩汉林以人们工作忙顾不上细嚼慢咽品尝美味佳肴为例，形象地阐释了囫囵吞枣式搞创作根本不可能打造出精品的道理。一个铿锵有力的反问，一番发自肺腑的实在话，不但旗帜鲜明地表明了自己的态度，而且让众多青年学子在这个越来越浮躁、越来越迷茫的社会找到一盏指路的明灯。

真心话

徐小平谈到如何看待创业追风口这个问题时说：“如今创业者成长的速度变快，创业成功的速度也快了，但这与追风口是两回事。有些人追上了风口也不一定成，比如说共享单车，几十家共享单车企业最后成的也就两三家。因此，创业要不要追风口？NO，千万别。因为风口是人创造出来的，而不是你自己想追就能追上去的。比如戴威做ofo的初心是觉得校园里的自行车经常丢，但校园又遍地都是车，那大家为什么不共享一辆？他发现了这个需求，因此创造了风口。所以创业最宝贵的还是要原创，它来自你内心深处的一种发现和需求。”

创业首先要了解大环境和项目发展的前景。在很多人眼里，似乎亦步亦趋地跟在大咖后面会避开更多风险，更易取得成功。徐小平则极力反对这种“追风口”的做法。但他并没有居高临下讲一番大道理，而是拿大家熟知的戴威做共享单车取得成功与众多跟风者失败的事例作对比，阐释了通过深思熟虑创造适合自己腾飞的风口远远胜过盲目追风的道理，一番真心话，很好地揭示了原创的精髓和魅力所在。

心 里 话

曾有一位主持人问白岩松：“你已年近五十，这么多年来有哪些你一直坚持的东西？”白岩松回答说：“对朋友对家人的情谊始终不变。世界好像很大，但实际上，每个人就是以自己和自己的家人、朋友为中心划圆，这个圆划得漂亮，那么这个世界就是温暖的。世界那么大，我只想回到自己的那个圆里。再就是，永远信奉明天比现在更好，精神的追求应多于物质的追求。（指着自己的衣服）你们猜猜我这一身多少钱？裤子是在网上买的，鞋子是在上海一个弄堂小店里买的，一两百块钱，但是穿起来很舒服。现在很多人不管自己舒不舒服，而是穿出来让别人看着舒服。”

白岩松没有谈自己对理想的不懈追求，却从自己对朋友对家人的情谊始终不变这一点谈起，先是把情谊比作是圆，形象地刻画了友情、亲情、爱情带给我们的厚实真切的温暖；接着，又道出自己永远信奉明天比现在更好，精神的追求应多于物质的追求，并巧妙地以穿衣讲究舒服为例来佐证自己的观点。白岩松讲的是心里话，更能体现出他一贯的所思所想。

俗话说：“感人最是由衷曲”，只要多说平实质朴的话，只要说得言之有物、入情入理，就一定会提升我们话语的亲和力、感染力和影响力。

4

有温度的话来自哪里?

生活中，有温度的话可以暖人心扉，让我们倍感温馨；有温度的话可以鼓舞士气，让我们扬帆起航；有温度的话可以启迪心灵，让我们豁然开朗；有温度的话可以陶冶性情，让我们受益终身。那么，怎样说出有温度的话呢？

真实的感悟

记者采访中国内地影视女演员、导演刘天池：“你认为一个人如何才能成为好演员？”刘天池说：“不管是做人，还是做演员，一定要学会爱。你不会爱，光在嘴上说我爱你，这不是扯淡吗？怎么爱？爱是一个动词，先爱你爹妈，爱你周边的人，你才能够探测到别人的情绪。现在不少孩子都是独生子，自己啥都不干，爹妈完全替代了他们的生活。每个人都只管自己，往那一站，你们都得照顾我。这两眼一抹黑，对谁都无感，还想要演一个好角色，那不是痴人说梦吗？演员是个奉献的职业，把自己的身体、情感给予角色，越关注自己，越没有办法成为一个好演员。”

要成为一名好演员，刘天池从自身的经历中提炼出了最重要一点就是要学会爱。她先是从语言和行动对比中说明了行动的重要性，接着给出了如何从爱父母到爱周边人再到体会爱的真谛的循序渐进过程，并一针见血地指出要成为一名好演员必须要以爱为基础，爱自己的事业、爱角色。一番真实的感悟，让人深受启迪。

真诚的提醒

谈到开玩笑要注意分寸这一话题，著名主持人孟非有感而发：“我们现在有一种生态叫鄙视文化，有钱的鄙视没钱的，年轻的鄙视中老年的、身材好的鄙视身材差的、学历高的鄙视学历低的，只要是有优越感的就要鄙视那个条件比他差的。我虽然有时候也反感某些东西，但那些东西有一个共同特点，就是妨碍到别人了。我认为，非常熟悉的人之间开点善意的玩笑没什么，但是做人不要太刻薄。否则，我们的人际关系会越来越差。”

很多人都忽视“鄙视文化”的危害性，孟非却着重提醒我们一定要深刻认识到鄙视文化危害性所在，开玩笑一定要注意分寸，对别人，尤其是对在某方面不如自己的人千万不要太刻薄。孟非这番真诚的提醒，特别的正能量，给了我们更正面的思考和对待事物的角度，让我们心中多了一些善，多了一些理解。

真切的劝告

聊到如何正确面对对手，著名作家麦家说：“我们出门在外，同学也好，将来的同事也好，不可能同一颗心的，难免会有竞争，难免会有陷阱。亲人之间都会吵架，会有冲突、误会，更何况同事和同学之间呢。一方面，你要学习爱人的能力；另外一方面，你也要去练习，去学会承受委屈，甚至是冤屈的能力，不要害怕被羞辱。因为社会上什么人都有，人生要经历那么多，你难免会遇到一些让你难堪、尴尬的事情，那怎么办呢？不要耿耿于怀，既然谁都会遇到，那就把它咽下去，把它忘掉，这也是一种能力。”

麦家先是坦陈有竞争就难免有冲突、有陷阱，并以亲朋好友之间也会有争执、猜忌为例阐释了这一点。接着，真切地告诫我们既要学会爱人的能力，还要学会承受委屈，甚至冤屈的能力，很好地阐释了“不要怕被羞辱，没有对手你永远长不大”的道理。他的这番循循善诱的忠告，让我们受益匪浅。

人与人的沟通中，有“温度”的话总会让我们原本乏味枯燥的生活变得光鲜亮丽，只要我们多留意身边的每一件事情，善于观察生活，你也能说出许多有温度的话。

5

说出精彩独到的话语

在交谈中，如果能把话讲得精彩独到，往往会牢牢吸引人们的注意力，从而达到有效沟通的目的，那么精彩独到的话语从何来？

有悖常理之语

在浙江卫视举办的“顶层设计、电视大片”高端论坛上，白岩松大赞“下流”人生：“不知道大家有没有听过黄耀明的一首歌，叫作《下流人生》。追求梦想无外乎是向上，追求名、利。但如果在新的一季节目中，能找到一些梦想向下流走的选手，那才是有意义的。比如一个很有权势的人或者很富有的人，其私人空间很少，但他的梦想却是当一名大学老师，我们来帮他圆梦，让其体验‘下流’人生的酸甜苦辣，那又会是另外的感动。谁说‘下流’是贬义词，现在它是许多人追求的新生活。”

人人都在竭尽全力追求高品质的生活，白岩松却大赞下流人生。他先是借一首歌的名字道出自己的观点，接着举例说明圆梦“下流”生活照样有其不可替代的价值，更容易促进人们换位思考，如此有悖常理之语由于更加实际地剖析了当下选秀节目的价值取向问题，无疑拨动了电视人的心弦。在交谈中，如果我们能从那些常被忽略的对立面中挖掘其独有的价值，说出的话一定会充满新意，自然会拨人心弦。

别出心裁之语

在一档谈话节目中谈到如何经营爱情，作家曾子航说：“让生活幸福，最重要的是‘有味道！’何为味道？那就是男人要有男人味，女人要有女人味！女人味八个字‘温柔体贴，妩媚风情’，一个真正‘有味’的女人绝不是一成不变的，她们有时候小鸟依人，有时候金鸡独立，职场上是铁娘子，情场上是白娘子，白天是白骨精，夜晚变成狐狸精，所以女人一定要做‘三不’女人，即思想上深藏不露，性格上捉摸不透，行动上飘忽不定，这‘三种’精神一定会牢牢套住一个男人的心，让他一辈子对你忠心耿耿，矢志不渝。男人呢，则要做‘三公’男人，即对待工作应该刚正不阿，像

‘包公’；对待生活应该闲云野鹤，像‘济公’；对待老婆应该满脸微笑、鞍前马后，像‘公公’。”

对于经营婚姻的秘诀，我们都明白要学会包容和理解。曾子航则独辟蹊径地用“味道”打比方，通过一系列精彩的顺口溜，不但形象生动地揭示了经营婚姻的秘诀是角色定位明确，而且他这番“男人要像战斗机，勇往直前；女人要像蝴蝶，翩翩起舞”的观点令人回味无穷。生活中，对一些老生常谈的问题，如果我们多尝试用独具匠心的表达方式来表达，往往会给人以别开生面的感觉，收到令人惊奇的效果。

歪解成语俗语之语

在新教师培训会上，特级教师于老师热情洋溢地和大家打招呼：“欢迎你们这些朝气蓬勃的新兵加入我们的队伍。受学校委托，我今天谈的话题是新教师如何快速成长。用八个字来概括就是‘小偷小摸，得陇望蜀。’”看着台下众人惊讶的表情，于老师解释道：“人常说‘师傅引进门，学艺在个人’。‘偷’就是用心揣摩，借鉴优秀教师的教学经验和教学艺术，‘摸’就是要不断摸索出适合自己的教学方法和教学技巧。而‘得陇望蜀’就是不但要向周围的老师学习还要走出去向外面的老师学习，借助现代信息技术不断给自己充电。”于老师的讲话赢得了大家阵阵掌声。

于老师的忠告为什么让大家爱听？主要是他对要讲的内容进行了精心的包装，“小偷小摸”“得陇望蜀”这些令人不齿的行为经于老师的一番歪解，摇身一变竟成了谦虚好学、追求上进的好品质，新教师自然会对这些“歪门邪道”所赋予的标签记忆犹新。交谈中，如果我们能通过对一些耳熟能详的俗语、成语进行歪解来表达观点，不但能起到活跃谈话气氛的作用，而且往往更容易把道理说得透彻明白。

当然，精彩独到的话语绝不是只有这三种，大家可以针对实际情境对上述方法进行加工和扩展，让你的谈话也酿造出更多新鲜的味道。

第七章　演讲力

才华巧展示，让你更具影响力

1

怎么演讲才能讲出新意？

喜新厌旧是听众的普遍心理，但在一些场合下，你的演讲主题可能无法新颖别致，那应该怎么办呢？宋朝诗人梅尧臣有诗云："老树著花无丑枝"，老选题其实也可以讲出新意！

老话新说

北京语言大学党委书记李宇明在2013年开学典礼上的演讲中说：大学生朋友们，你们就是化蛹成蝶之前的春蚕。蚕是一条虫，但不是一条普通的虫，而是有天大志向的"天虫"。这天大的志向，就是家国情怀和人类关怀。但要记得，蚕现在仍然是一条虫，要不停地吃，不断地睡，过一个阶段要蜕一层皮。吃，就是摄取精神食粮，特别是阅读经典。眠就是要消化吸收，要把知识内化。蜕皮就是成长，由中学时代的“低级清楚”发展成“高级糊涂”，将句号变成问号。问号是研究的出发点，是希望把问号伸展为感叹号的心理动力。

阅读书籍对人有益，这个道理并不新鲜。在这里，李宇明却把大学生比作蚕虫，指出大学生像蚕虫吃睡一样需要阅读和消化，才有助成长。用一个新颖的比喻给老主题披上一件新外衣——观点是旧的，但形式是新的，可谓殊途同归，新意盎然。在演讲中，把老主题巧妙地“包装”一下，老话新说，是使主题出新的常用方法，会让听众乐于接受。

借老说新

作家刘诚龙在《人有远虑，必有近忧》的演讲中这样说：古希腊的泰勒斯是一个星象学家，他常常只是眺望遥远的星空，而不注意脚下的小路。有一天晚上，他走在旷野之间，一心一意看着星空，一点也没注意到脚下有一个坑，结果呢，就掉进那个坑里，摔了个半死。春的花朵在春天灿烂开放，不去想秋天的凋零，只管怒开。到了万物凋零的秋天，有可能是她结出硕果之时。如果在春天里只想秋的萧瑟、冬的肃杀，那么，一念至此，则百无聊赖，万念俱灰。心若成灰，身体即多疾；心若成灰，事业即多败，无好身体，无好事业，无好心情，那么幸福、欢乐、成功，又从何谈起？

“人无远虑，必有近忧。”这句俗话的形式和内涵广为人知，但是刘诚龙却借用它，稍作改装，以表明自己的观点，得到了听众的热情肯定。生活中有许多流传甚广的话，它们为人们所理解的内涵是相对固定的，演讲者可以巧妙地借用这些老的形式，加以改装，赋予它们新的内涵，只要演讲者能自圆其说且言之有理，就能在听众的认识上达成一种新的和谐。

破旧立新

自媒体作者热茶在题为《勤难补拙》的演讲中说：有先贤云：“勤能补拙”。实则“勤能助巧”。天资高者，略加施力，自然功效高于常人，李白“五岁诵六甲，十岁观百家”，杜甫“七龄思即壮，开口咏凤凰”，曹植七步成章，甘罗十二拜相，而你天赋非在此，强要慕高斯之早慧而困于奥数；习傅聪之技艺而誓为琴童，不讲天分，只能使拙者愈拙，巧者失巧。“巧”与“拙”是人出发时的方向，“勤”与“惰”是人出发后的过程，“成就”就是路那头让你渴望的终点。方向对了，但没有一路艰辛的历程，终点尚且仅是

“可望而不可即”；方向错了，你汗水也罢，泪水也罢，血水也罢，这一回，那个终点却是“不可望”且“不可能即”的了。

勤能补拙是个传承千年质朴的道理，然而，热茶却旗帜鲜明地提出与旧观点相反的“勤难补拙”新观点，然后引经据典，举出各种事例证实“勤能助巧”但未必“能补拙”，一番阐述犹如当头棒喝，促人清醒，引人深思。当然，破旧立新的这种技巧的难度和风险都较大，但只要有言人所未言的勇气，有实事求是的科学态度，就能收到震撼人心的特殊效果。

我们的演讲观点要努力做到不落俗套、语出惊人，即便有时候演讲无法避免一些“老主题”，但只要善于挖掘，你的演讲照样能够新意盎然，激起听众聆听的欲望，最终以奇制胜。

2

演讲中如何把道理讲透？

精彩的演讲总离不开成功的说理。那么，在演讲中，怎样才能把道理讲透，让听众一听就懂呢？

用鲜活故事说理

著名主持人杨澜的演讲《一件事做好才有下一次机会》：2003年，当时的俄罗斯总理卡西亚诺夫来中国访问，停留两天，就只接受了我的采访。应该说，民间传媒能得到这样的机会很难。所以我也很好奇，问他为什么会接受我的采访？随行人员告诉我，很有意思，是因为在这之前我采访过他的副总理。副总理告诉他：如果你去中国，应该接受这个女记者的采访，她提的问题很有水平。这种口口相传的力量，千万不要小看。你之前所做的每件事都会对你今后的成长产生影响。我作为一名记者的成长之路其实就是从采访一个区长开始的。所以要是区长没采访好，就不要想着去采访市长；市长没采访好，就不要采访部长；等部长采访好了，再去想副总理、总理、总统。

万丈高楼平地起，要做好大事首先要先把小事做好，千万不能好高骛远。杨澜撷取了发生在自己身上的鲜活故事，通过自己对这件事的反思，引发听众思考：做事要注重量的积累。演讲中，选择鲜活的故事来说理，可以使听众更容易理解你的观点。

用自然规律说理

台湾作家林清玄的演讲《要敢于正视自己的缺点》：很小的时候，我就感觉到花是非常奇怪的，“香花无色，色花不香”“素朴的花喜欢成群结队，美艳的花喜欢幽然独处”。这些真是惊人的发现。依照植物学家的说法，白花为了吸引蜂蝶传播花粉而放散浓厚的芳香；美丽的花则不必如此，只要以它的颜色就能招蜂引蝶了。我们不管植物学家的说法，单以“香花无色，色花不香”就可以给我们带来许多人生的启示——在人生里，每一个人都有其独特非凡的素质，有的香盛，有的色浓，但很难兼具美丽和芳香，因此我们不必欣羡别人某些天生的素质，而要发现自我独特的风格。当然，我们的人生多少都有缺憾，这缺憾的哲学其实简单——连最名贵的兰花，恐怕都为自己不能芳香而落泪哩！这是对待自己的方法，也是面对自己缺憾还能自在的方法。

每个人都有自己的缺点，然而很多人常常因自身的缺点而产生自卑心理，要么唉声叹气，要么自暴自弃。林清玄先是用大篇幅来讲述自己的惊人发现，最后借“香花无色，色花不香”揭示了敢于正视自己的缺点也是一种自信的道理。事物都有联系，演讲中如果能够通过自然规律所蕴含的哲理来阐释自己的观点，说理的效果往往会出奇的好。

用生活现象说理

评论家刘瑜的演讲《集权政府成功的秘诀》：以前我在街边的水果摊买樱桃、葡萄之类的水果时，总想挑出其中最新鲜好看的，但是常常受到摊主的阻挠：不许挑！不许挑！也是，如果我把好的都挑走了，坏的他怎么卖呢？其实岂止卖葡萄、樱桃，卖企业也是一样：几年前中国产权改革如日中天的时候，为了甩掉一些不良企业，据说一些地方政府采取的办法是：哪个投资者要想买好资产，就得接受与之“搭售”的差资产。可见无论是卖葡萄还是卖企业，好坏搭配是推销之道。后来我慢慢意识到，很多集权政府的治国之道亦是如此，甚至可以说，很多集权政府的成功秘诀正在于此：为了推销强权的苦咖啡，得搭售道德的白砂糖，咖啡加糖，很多人喝着咖啡加糖就给喝晕了，专制也就打开了销路。

为了向观众讲清集权政府的治国之道这一抽象、深奥的哲学问题，刘瑜从果农卖果子好坏搭配的推销之道谈起，通过一番巧妙类比，形象地揭示了集权政府如何让民众在打倒假丑恶的过程中“不知不觉”地放弃其权利和自由。演讲中，要阐释一些抽象的问题，多找些恰当的生活现象来类比，更容易帮助听众理解并接受你的观点。

演讲中要把道理讲透，既可借助精彩故事，也可借助自然现象和社会焦点作为说理的载体，只要能通过深入分析，挖掘出所蕴含的深刻的道理，就更容易达到说服听众的目的。

3

什么材料容易打动听众?

如果说主题是演讲的“灵魂”，结构是演讲的“骨架”，那么材料就是演讲的“血肉”。一场演讲是否吸引人、感动人，能否达到演讲者的真正目的，材料的搜集和选用是最关键的一步。那么，选择怎样的材料更容易打动听众呢?

选择容易产生共鸣的材料

周新生《尽量让国人不求人少求人》：最近，一位司局级老领导说道，女儿在他的极力反对下仍入外籍并嫁给外国人。是女儿劝他的一句话，最终让他接受了女儿的做法。这句话是“爸爸，您将来再不用为您的外孙在国内上幼儿园、小学、中学求人了”。可不是吗？我们国人的生活中，存在大量求人的事，生老病死都要求人。生得好要求人；病了，治得好要求人；死了，烧得好、埋得好要求人；上好学校要求人；找工作要求人，调动工作要求人；异地迁徙取得户籍要求人；参军要求人；职务职称晋升要求人，不一而足。求人的主体上至高级官员下至布衣百姓，大有无人不求人之势。求人的客体是在各个涉及公共利益岗位上掌握着大大小小的权力和资源的官员或工作人员。需要注意的是求人者求人，被求者也求人，求人者也是被求者，相互交织构成了一幅壮观的中国式求人图卷。在人们眼中，靠市场、靠政府、靠制度、靠法律不如靠关系，有了关系什么事均可变通，均可摆平，均可办到。

相信很多人都信奉“熟人多了好办事”。演讲者所罗列的现象听众一定很熟悉，听众迫切想知道造成这种变味的“求人规律”的原因究竟是什么？由于演讲者所选的材料令听众产生了共鸣，所以听众自然会跟着他的思路进入演讲者要阐释的主题——国家要加大对民生的投入，加大反腐败力度，加大对权力的约束与监督。完善制度，提高制度刚性，设计严格的办事程序，使寻租者无市场。

选择能激发听众兴趣的材料

一位大学教授给中学生作《奇妙的素数》讲座：当年贝克汉姆转会到皇马的时候，发生了一件困扰英伦的事件：他为什么会选择23号球衣？最流行的解释是乔丹也曾身穿23号球衣，这是足球在向篮球致敬。最不妙的解释是，恺撒大帝被谋杀时身中23刀，这实在不是个好数字！我想这太有意思了，23是个素数，数学中我最喜欢的就是素数。素数是构成数字的基础，不管多大的数都可以由几个素数来构成。是谁最先发现了素数呢？不是人类，而是动物。有一种蝉，它在地下生活17年，然后突然出现在地面上，排卵繁殖，6周后重新回到地下。除了蝉外，也有其他动物喜欢在地下待7年，13年……为什么它们喜欢待素数年呢？肯定因为某种天敌是有规律地出现的，素数年才出来的话遭遇天敌的概率就会很小。

教授一开口，先不提任何关于数学的问题，而是告诉大家贝克汉姆当年转会到皇马的时候为何选择23号球衣这一困扰英伦的事件，接着自然地从素数的来源说起。原来枯燥的素数还有如此多的有趣的故事。由于教授所选材料非常贴近中学生的心理，所以很快就抓住了听众的胃口，不但巧妙打开了同学们眼界，而且激发了同学们对数学的浓厚兴趣，可谓一举两得。想想我们周围那些呆板枯燥的讲座，这位教授的演讲是不是值得我们好好借鉴学习。

选择令听众出乎意料的材料

著名情感作家毕淑敏的《一定要做得比实际“做”更好吗？》：我年轻的时候，心其实很累。因为总想表现得比自己真实的状态更好一些，便不由自主地要作假。明明不快乐，怕被人看出，以为是思想问题，就表现出欢天喜地的兴奋。对领导有意见，怕领导对我看法不良，影响进步，就故意在领导面前格外卖力地工作。其实，那彼此的不融洽，心知肚明。在会议上有不同意见，因为判断出自己是少数，就放弃主见随大流，默不作声……凡此种种以为是老练的举措，都让我做人辛苦，不胜其烦。后来，我终于明白了，要以自己的真实面目示人。没有必要取悦他人，没有必要委屈自己。这样做了以后，我本以为机会一定要少很多，抱定了破釜沉舟的决心，只求这一生做一个真实的自我，付出代价也认了。不想，却多了朋友，多了机缘。

有一位智者说过，当我们做每一件事都考虑别人怎么看时，其实我们已经放弃了自己。生活中，为了留给别人不错的印象，我们很多人宁肯自己受委屈也要不断追求更完美。然而，毕淑敏对此持反对意见，鼓励大家要追求以真示人，不要一味取悦别人。如此出人意料的建议看似有些“消极”，其实散发出的是满满的正能量。

选择令听众肃然起敬的材料

周孝正的《真实的以色列》：几年前，耶路撒冷发生了一起公交车爆炸的恐怖袭击，炸死了十来个人，其中包括两名中国人。这两名中国人都是福建人，是去打工的。以色列政府立刻与中国方面联系协商赔偿事宜，但经过中国领事馆的核实，此两人系偷渡客，属于非法入境，于是不再配合。后来，以色列政府专门开了一个会。会议认为，在以色列国土上无辜死亡的人，政府都有责任对其负责，至于这些人偷渡与否，那是另外一回事。会议最后决定，对两名死难的中国人一视同仁地按照国民待遇善后。会后，以色列政府派专人到福建找到两位农民工的家人，最后支付的金额是每位死者赔偿70万美金。所有相关的调查费用全部由以色列政府负担。

当使领馆方面不再配合时，按一般人的思维，以色列政府会顺水推舟放弃对两位农民工的赔偿。然而，他们并没有这么做，而是专门开了一个会决定一视同仁地按照国民待遇善后。以色列政府如此善待偷渡客的做法怎能不令人肃然起敬。我们经常讲以人为本，看看我们周围发生的那些对临时工不公的事，两者相比，孰高孰低，一切尽在不言中。

演讲要想牢牢抓住听众的注意力，就应该在材料上多下功夫。只要多找上述几个方面的材料，相信一定会取得满意的演讲效果。

4

选好角度，演讲更有力度

相同的拍摄器材，选取的角度不同，拍摄的效果会截然不同。同样的道理，演讲切入的角度不同，所产生的效果也是迥然相异的。那么，如何选好角度来提升演讲的力度呢？

从现实影响大小的角度切入

评论员许小年的演讲《宏观越差，微观越有希望》：两年前我的学生碰到我的时候，提出的第一个问题是“教授，下阶段政府会出台什么政策”，我一听就没情绪了，我说政府政策跟你有什么关系？如果一个企业盯着政府的政策来决定自己的经营方略，这个企业就把自己降低到了农民过去的水平上。为什么？农业特点是靠天吃饭，农业现在都不靠天吃饭了，你到农村去看，遍地是大棚，农业对气候的依赖大大降低，一个企业还在靠天吃饭，你能适应市场竞争吗？其实，宏观越差，微观越有希望。什么逻辑？因为穷则思变，我的传统经营模式很好啊，为什么要变？国家的经济发展也是，每年10%的增长挺好的，一天到晚说这个改革、那个改革，有什么必要？现在你再跟政府说改革，跟企业说转型，说研发，他们比以前听得进去了，也愿意听了。

宏观政策和自主创新哪个对企业的发展更重要？许小年先是拿过去农业靠天吃饭和现在对气候的依赖降低巧妙切入，接着分别从政府层面和企业层面对改革的前后不同态度进行对比，一针见血地揭示了宏观越差，微观越有希望的道理。给人留下了深刻的印象。演讲时，多从现实影响大小的角度切入，由于对比明显，说理的效果会更佳。

从材料的典型细节角度切入

诺贝尔奖获得者中村修二的演讲《不管别人怎么嘲笑，你都要发狠劲儿坚持到底》：我不服输的性格，大概是从小就养成了。我是四兄妹中的老三，男孩子我是中间一个，上面有大姐、大我两岁的哥哥，下面有一个弟弟。姐姐是女孩，跟我们不一样，三个男孩从生下来就很活泼，从小就吵吵闹闹。吃的东西什么的，一分钟不到就会被抢光，我就是在这样的环境中长大的。正因为如此，我才养成了不服输的性格。要是跟哥哥和弟弟抢不赢，就吃不到好东西，不能做自己想做的事情。所以，不能输的念头已经深入我的骨髓了。碰到困难的时候，这种性格就成为一大助力。就算对有些领域并不熟悉，不管别人怎么嘲笑，我都会发狠劲儿坚持到底。

中村修二从自己儿时的亲身经历谈起，以自己与亲兄热弟争抢食物的画面作为切入口，形象地阐释做事要有持久力和不服输的精神，让听众在开怀大笑的同时，明白了做事要有自信心的道理。演讲中，细节最易打动人，所以多从材料的典型细节找切入口，演讲效果一定不会差。

从名人名言蕴含的哲理角度切入

著名学者南怀瑾的演讲《一个人没有倒过霉，便永远没有出息》：孔子说："小人不耻不仁，不畏就不义，不见利就驱策不动，不惩就不诫，所以小惩而大诫，此小人之福也。""小人"是指普通人，"耻"就是难堪，如果他没有碰到钉子，你没有给他难堪，他就很难发现自己的缺点，也难改正自己的过错。你给了他难堪，羞辱了他或者使他见不得人，他才能够改得过来。你要让他做错事后受到相应的惩罚，他便不会做大的坏事，他便一辈子都会记得要去做好人。所以人生在世，太得意的时候，碰到一点倒霉挫折，反而应该是好的。

当很多人都在期盼好运多多眷顾自己时，南怀瑾却“不合时宜”地唱起了反调。他开门见山，以孔子的名言作为切入口，言简意赅地阐释了人生过于一帆风顺并不是一件好事的道理，从而告诉大家要正确面对生活中的磨难和坎坷，才会取得长足的进步。名人名言都蕴含着深刻的道理，演讲中多从名人名言寻找切入口，演讲自然会打动听众。

演讲不是材料和大道理的简单组合，而是要善于找准最佳的切入口对材料进行透彻分析。大家不妨活学活用上面的方法来提升自己的演讲力度。

5

反转，让听众眼前一亮

所谓反转，就是在演讲中先提出人们熟悉的观点，接着通过叙事和议论从相反的方向给出自己的观点。这不但可以让听众眼前一亮，也可以提升演讲的说服力。

忠实反转为背叛

著名企业家钟睒睒的《"忠实用户"存在吗？》：有人曾问我们养生堂品牌该怎么去争取那些老牌化妆品的忠实用户。对于做护肤品，我们的目的不是在国内做第一，我们要跟国际上所有化妆品公司在质量上竞争。产品必须在现在的技术标准和质量标准上，在前面，第一。我认为"忠实用户"几乎是不存在的，想当年，当乔布斯的手机出来的时候，所有诺基亚手机的忠实用户，都一个晚上"倒戈"。科学的颠覆性，在于你创造的价值含量。消费者只有一个认知：给我带来什么好处。消费者没有第二认知。我想大家都是消费者，我认为“忠实用户”这4个字，实际上是个杜撰概念。

钟睒睒先从听众关心的问题入手，给出了自己做新产品要达到第一的理念，让听众对他的远大抱负心生敬畏。接着，通过乔布斯的手机出现后，诺基亚手机用户反转“倒戈”的事实，很好地阐释了“忠实用户”根本不存在，唯有产品好才能立足于不败之地的硬道理。钟睒睒的这番反转自然流畅，令听众感悟颇多。

“你认识谁”反转为“谁认识你”

中国释玄斋集团董事长罗李华关于《人脉》的演讲：都说“人脉就是钱脉”，因此，许多人会想尽一切办法去认识“人物”。但现实生活中，并不是认识“谁”都能称人脉，一个人的人脉并不是看您办喜事时有多少人举杯共饮，而是看您身处困境时有多少人站在您身边。人脉不是你认识谁，而是谁认识你。我们可以从“在己”和“对外”两个方面来提升人脉：在己，每天反省自我，明白自己的缺点在哪里，不断去修正完善自己。你可以没钱，没地位，但一定要有亮点，亮点可以通过在“仁、义、礼、智、信”上不断提升自我、完善自我而产生，只有自己足够优秀，才能用自己的人格魅力去赢得人脉；对外，要以真诚的心态待人，没有功利心，才能交到真朋友。

人人都知道成就事业离不开好的人脉资源。罗李华先是承认认识的人多对提升人脉会有不小的帮助，接着话锋一转，通过对调主语与宾语来了个反转，巧妙地揭示了只有靠自己内在的素质和实力以及做人的品质和魅力吸引别人，才能掌握并拥有丰厚的人脉资源，一番言简意赅的说理如醍醐灌顶，令人大受裨益。

主人反转为奴隶

著名教授傅佩荣的《主人与奴隶》：今年我来北京出差，起床洗漱时才发现自己用了20年的剃须刀坏了，助理只好一大早到商店里去采买新的，却发现早已经没有同款了。助理有些心疼我，要为我买一个功能更强大的，“老师为什么要委屈自己呢？您应该用一款智能剃须刀，它的功能很强大，操作也简单。”我回答：“俭是对我自己的要求，怎么会觉得委屈呢？剃须刀功能越多，制造越精密，出了问题就越难以处理，最后我会变成它的奴隶。为什么就不能简单些呢，我只是需要它的‘功能’，而不想要它的‘智能’

啊。”同样，生活中，我们占有了很多东西，我们同时也就被这些东西所占有，那么，我们究竟是物的主人，还是物的奴隶呢？

拥有的东西越来越多，我们似乎成了呼风唤雨的高傲公主。傅佩荣则通过自己与助理的对白，借用剃须刀的智能化越高，修理起来难度越大的阐释，引申类比到现实生活中人们对物质的追求问题，告诫听众不要过多追求物质生活的享受。傅佩荣通过主人与奴隶关系的反转，揭示了人们如果“逐物而不返”，就成了物的奴隶的道理，令听众深受启迪。

演讲中，灵活运用反转技巧，不但可以帮助听众更客观更全面地认识事物的本质，从而寻找到解决问题的最佳方案，而且能给听众带来更多的做人处事的灵丹妙药。

第八章　说服力

最有力量的说服，是零距离的沟通

1

什么样的安慰最有效

我很喜欢金庸笔下的黄蓉，情商很高，在《射雕英雄传》如此，在《神雕侠侣》中亦是如此。还记得在绝情谷的时候，小龙女自知伤重不治而跳崖，但她怕杨过会殉情，所以在石壁上留书："十六年后，在此相会，夫妻情深，勿失信约。"这对杨过来说，无疑是巨大打击。因为他与小龙女彼此情深义重，没想到小龙女此刻会离开他。尽管黄蓉骗杨过说小龙女是被南海神尼救走了，但一想到是十六年之遥，杨过还是很难过。黄蓉安慰说："龙妹妹毒入脏腑，神尼便有仙丹妙药，也非短时能将剧毒除尽。只盼她早日康复，神尼忽发善心，不用这么久，便放她和你相会了。"这话给了杨过很大激励，但他还是不大肯服情花毒解药。黄蓉又道："就可惜这断肠草不知能否解得你体内之毒，倘若……唉，十六年后龙妹妹欣然归来，要是见不到你，只怕她也不肯再活了。”杨过自然不愿意小龙女有一天回来了，自己却不在人世了。他们经过那么多次的生离死别，都是希望能够更好地生活在一起啊！所以，杨过最终打消了轻生的念头，并从此振作起来，行侠仗义，做了一位人人敬重的神雕大侠。

对于一个心情极度失落的人来说，最好的安慰是鼓励。杨过在小龙女离开后痛不欲生，如果不是黄蓉巧妙的安慰，只怕真的会一死了之。黄蓉抓住了杨过对小龙女痴情的特点，设法使杨过相信小龙女离开十六年不是坏事而是好事，小龙女还有救，以后还能与杨过共度余生。这让杨过对未来的生活重新有了期待和愿景，从而不再做傻事。在现实中，我们安慰别人时，要有鼓励，要尽可能地给别人一个希望和愿景，告知对方离成功其实只差一步，不能就此放弃，要继续努力，才能够实现理想。

陈明和王小强一起参加总公司举办的题为“关爱老人”的演讲比赛。出乎意料的是，平常演讲能力并不突出的陈明获得了冠军，而经常参加演讲比赛的王小强则屈居亚军。王小强感到很失望，回到公司上班也是闷闷不乐。陈明见状，过来对他说：“这次获奖，只能说我很幸运。你知道我们家是办养老院的，这次演讲的命题是我擅长讲的题材。要是讲别的，你肯定就比我强了。因为我的演讲水平不如你。你的形象、态势、语言等等，很多方面我觉得都值得我学习。”王小强听后，忙说：“不，你的那个演讲确实很有特点，理应获奖。”

面对心情低落的王小强，陈明主动示弱，他强调对方的演讲水平比他高，这次他只是占了客观因素的便宜。这样的安慰，让王小强觉得这次比赛的失败是可以接受的，最终走出了痛苦。所以说，当别人遭受痛苦和失败时，我们最好的安慰是带有鼓励性的，要善于挖掘对方的优点和强项，让他看到自己是可以成功的。指出失败是暂时的，一时的失败也不能代表什么，以后，如果他能发挥优势，就能够取得很多、很大的成功。

2006年3月，巴萨对阵欧冠对手切尔西。年轻的梅西在比赛中受重伤，提前退场，回到更衣室检查后，医生表示梅西将长时间无法比赛。遭受如此重创，让原本就沉默寡言的梅西变得更加忧郁，甚至以为自己的职业生涯即将结束。这时，队友罗纳尔迪尼奥来到他身边，对他说：“伤病会过去的，不要太难过了。我知道你的偶像一直是马拉多纳。那你一定比我更清楚，他在巴萨效力期间曾被铲断了腿。可是，他没有因此而放弃自己的足球梦想。后来，伤愈复出的他创造了多少辉煌成就啊。你应该像他一样，好好养伤。养好后，我相信你也能取得属于自己的辉煌。”梅西听后感动不已，深情地拥抱着罗纳尔迪尼奥，表示自己一定会振作起来的。

罗纳尔迪尼奥以梅西的偶像马拉多纳为例，指出受伤是一个运动员难以避免的情况，但是不能被伤病击倒，而是应该坦然接受现实，积极接受治疗，最终让梅西从痛苦中走了出来。在生活中，当朋友遭遇伤痛时，我们也可以举一些对方非常喜欢和敬重的名人明星的正能量的事例，来安慰朋友受伤的心灵。这样的安慰式鼓励，能给人加油打气，让人看到希望，不失信心。

当他人遭遇痛苦和失败时，我们要懂得巧妙地安慰对方。那什么样的安慰最有力量？当然是鼓励式安慰了。我们必须让对方走出失望的阴影，积极面对一切，努力进取。

2

消除误会的最好办法

香港艺人张可颐曾获得“无线电视年度我最喜爱的女主角”桂冠，在上台领奖时她高兴地做了一个“胜利”的手势。因为之前她和宣萱是这个奖项的最有力争夺者，加上两人之前也有过摩擦，于是媒体在报道时，就解读说张可颐这个手势是做给宣萱看的。这就造成了误会，让两个人的关系更加紧张起来。在这件事情上，张可颐可以说是无辜的。但张可颐却公开说：“这件事情上的误会我有责任，是我自己做得不够好，一高兴就忘乎所以。我不应该做那个手势，是我给宣萱造成了麻烦。在这里，我想说声对不起。”宣萱也给予积极回应和宽慰，两个人之前僵硬的关系因此缓和了。

在出现误会后，尽管张可颐没有责任，她却主动表明自己的失误，自我反省，揽责于己。这样的态度赢得了宣萱的认可和好感，也使得两人的关系得以缓和。当误会出现后，不论自己有没有责任，不论自己应负主要责任还是次要责任，都不要指责别人，把责任推到别人身上。误会已经造成，为自己辩解，或者撇清自己，不仅不能消除误会，而且还会给人留下不好的印象。只有用反求诸己的话语去消除误会，才能赢得人际关系的和谐，又能提升自己的修养。

新晋“联合国和平使者”的钢琴家郎朗接受某媒体访谈，主持人杨澜当场发问：“对于世界上买不起钢琴，甚至生活在战乱和饥荒中的孩子，你的工作有什么意义？”结果，这句话引起了轩然大波，很多人批评杨澜。其实，杨澜的本意就是和郎朗谈论如何用音乐帮助年轻人成长，只不过她的话引起了歧义的解读，甚至有讽刺和谩骂的声音。面对大家的误解，杨澜没有辩解，反而说：“作为一个公众人物，就应该比别人多一些担当。我身为一个主持人，就应该严格要求自己，说每一句都要谨慎，才能符合公众的要求和期待。也恰恰因此，我们才会变得更优秀。”杨澜的回应，使批评的声音变成了如潮的好评。

发生误会时，没有必要暴跳如雷，流露不满，而是要胸怀宽广，坦诚交流，如此，就会获得别人的理解。在这里，面对公众的误会，杨澜没有辩解，而是理性看待，坦然面对。先讲一个公众人物应该有更多的担当，然后表示自己理解公众对公众人物的要求和期待，然后更进一步将公众的严格要求看成她自己变得更优秀的原因。这样的话语不仅消除了误会，也赢得了赞赏。误会出现后，要说严于律己、宽以待人的话。这样就会消除误会带来的不良后果，同时收获他人的称赞。

徐娇因出演周星驰的《长江七号》而名声大噪，有记者就到徐娇所在的学校进行采访。有的同学就有了意见，有个男生还说她："很虚伪、很假、不真实，在学校里接受记者采访，不就是为了炫耀自己吗？"这让徐娇觉得特别委屈。有一天开班会，徐娇面对着老师和全班同学，大声地说："其实我跟任何一个普通同学都一样，希望大家可以用很普通的目光来看待我。如果觉得我有做得不好的地方，可以跟我说。我在学校接受记者采访，不是为了炫耀自己，而是因为我喜欢这所学校，喜欢学校里的老师和同学。每当看到一些同学跟我一起上电视的时候，我就感到特别开心。有的同学上了电视很开心，看到他们开心我觉得自己也很快乐，但我没有考虑更多人的感受，是我想得不周全。希望大家能原谅我。我不是什么明星，是这个班级的一员，是你们的朋友。我宁愿永远不接受采访，也不愿意丢了你们这些朋友。”通过这一次交流和沟通，同学们对徐娇的认识发生了改变，纷纷表示理解和支持她。

有些误会，只要把事实摆出来，当面说清楚，或者向当事人赔礼道歉就行了。徐娇之所以能化解误会，就是因为她第一时间出来坦陈心迹，让大家明白她在学校接受采访并非想炫耀，而是因为她喜欢学校和同学，而且主动揽责，说明自己的确没有考虑周全，伤害了一些同学。徐娇在沟通中，表达了自己更看重和同学们之间的友谊，做到了以情动人，获得了大家的理解，消除了与同学们之间的误会。

在人际交往中，误会常常会出现。要想消除它，不让它造成人际关系的裂痕，最好的办法就是在说话时，懂得揽责于己，不责于人。这样可以表明自省自查的态度，不仅能消除误会及其带来的影响，而且还能提升自己的形象，使人际关系更加和谐。

3

暗示比说服更有力量

日常生活中，常常有这样的情况，即我们有些话需要告诉我们的谈话对象，但由于各种各样的原因，又不能直截了当、开诚布公地说，只能采用一种含蓄的、间接的语言来表达。这就是我们所说的暗示术。暗示的具体运用方式有很多种，比如下面几招——

点化式暗示术

火车上，一位年轻的母亲抱着孩子挤进了车厢。在几乎无立锥之地的情况下，她身旁一张长椅上却躺着一个佯装睡觉的青年人。孩子很天真活泼，吵着说：“妈妈，我要坐椅子！妈妈，我要坐椅子！”这位年轻的妈妈略微沉思了一会儿，大声对孩子说：“好孩子，别再吵。叔叔累了，等叔叔休息一会儿，他会让给你坐的。”年轻的妈妈话音刚落，小青年就起身给这母子俩让座了。

点化式暗示术，是指通过巧妙的方式点醒对方，引起对方反应的方法。它的特点就是用极其简短精练的“点睛”之言，暗示出一种明白而又不可抗拒的观点和思想。这位年轻母亲，一句“等叔叔休息一会儿，他会让给你坐的。”看似是对孩子的一种推托，其实是对小青年的点化。这句话中的“会”字是心甘情愿、毫不勉强的意思，是年轻母亲用点化式的暗示“迫使”小青年做出让座行为的点睛之笔。正是由于小青年也想得到尊重，获得一个好的名声，因此年轻妈妈间接提醒他，便很容易达到目的。

引发式暗示术

作为寇准的同事和至交，张咏深知寇准有治国兴邦之能，但也知道他倦于读书，学术不足。因此，张咏一直想找个机会劝劝他。一次，张咏从成都回来，拜访寇准。寇准摆下百禽宴，盛情款待他。酒逢知己千杯少，他们你来我往，杯盏交错，喝得好不痛快。过了一些时候，张咏说要回成都了。分手前，寇准诚恳地请张咏赠言指教。张咏只说了句：“也没有说的了，但《霍光传》不可不读。”送走张咏，寇准回家后立即找出《汉书》，翻到《霍光传》，逐字逐句往下读，直到快读完了，心头“咯噔”一下，“光不学亡术”一句进入眼帘。寇准恍然大悟：“这是张咏说我的缺点呀！”从此，寇准刻苦研读，认真工作，最终成了一位忠贤皆备、文略俱全的好宰相。

引发式暗示术，是指不直说一件事，而说与这件事紧密相关的另一件事，或者就同一事物紧密相连的一对矛盾中说其中一个以引发暗示另一个。张咏想劝寇准多学习，但又不好直说。后来，在相聚时终于有了个合适的机会——当寇准向张咏求赠言时，张咏并没有直言指出其缺点，而是巧妙地劝寇准读一读《霍光传》，让其读后自明其理。可见，在与人谈话时，未必要直言相向，若能巧用暗示术，让人明白弦外之音，往往会取得令人满意的效果。

旁敲式暗示术

在《书剑恩仇录》中，余鱼同要找张召重报仇，但只有深爱他的李沅芷知道下落。骆冰请李沅芷指明地点，李沅芷却故意不说。骆冰只好说：“那我们就请你师父来问你了。”李沅芷却道：“自古道女子要三从四德，这三从中可没‘从师’那一条。”骆冰笑道：“好妹子，何谓三从四德？”李沅芷道：“四德是德容言工，就是说做女子的，第一要紧是品德，然后是相貌、言语和治家之事了。”骆冰笑道：“那么三从呢？”李沅芷愠道：“你装傻，我不爱说啦。”骆冰一笑走开，去对陆菲青说了。陆菲青沉吟道：“三从之说，出于仪礼，乃是未嫁从父，既嫁从夫，夫死从子。我这徒儿也真刁钻古怪，你想她干吗不肯带路？”骆冰道：“我想她意思是说，除非她爹叫她说，她才未嫁从父。可是李军门就算在这里，也不会帮咱们。眼下只有从第二条上打主意啦。”陆菲青道：“第二条？她又没丈夫。”骆冰笑道：“那么咱们马上就给她找个丈夫。只要丈夫叫她领路，她一定既嫁从夫了。”陆菲青这才恍然大悟，笑道：“讲了这么一大套三从四德，原来是为了这个。”于是和陈家洛商量，再把余鱼同叫过来一谈，当下就决定了二人的终身大事。

旁敲式暗示术，是指通过旁敲侧击的方式，含蓄地表达出内心的看法和意见，从侧面提出或说出一些看似与主题无关的话题，以此来达到启示、提醒、劝阻、教育他人的目的。李沅芷想嫁给余鱼同却又碍于面子，不好直接表白，因而借着找人一事，大谈一通“三从四德”，无非就是想通过旁敲侧击的方法，让旁人知晓其心意，最终也确实如她所愿了。可见，与人谈话时，总有一些话不好直说或者不能直说，但是旁敲侧击绕道迂回，却功效显著。

与人交谈时，如果能巧妙地运用暗示术，既可节省语言，又可使意蕴深刻明白，即使是本来不中听的劝告乃至批评，让人听后也不会产生反感，如此一来，我们也就更受人欢迎了。

4

如何避开左右为难的话题

在生活中，我们常常会遇到左右为难的话题，无论你怎么说都会让自己陷入尴尬。实际上，我们可以设法避开这种话题，巧言应对，在“两难”之外杀出一条“血路”来。

游泳队集合后，陶然队长却一直和大家谈一些注意事项，站在队前讲得滔滔不绝。有的学员交头接耳，没认真听，他就直截了当提出批评。这时候，白小朋大声对陶然说：“队长，你的话有的人一听就懂，有的人怎么听都不懂。你是在给听得懂的人讲，还是给听不懂的人讲？”这显然是一个陷阱，怎么回答都会落入圈套。陶然定了定神说：“那你说，我们和别的学校比赛，是想着胜利还是想着失败？”白小朋爽朗地说：“当然是想着胜利啊！”陶然说：“这就对了。我就是在为胜利而说，把话说给想着胜利的人。”陶然的话赢得了大家的掌声。

面对白小朋的问话，陶然怎么回答都将陷入悖论。对听得懂的人不用讲，对听不懂的人讲了也白讲。陶然没上当，而是先挖坑设陷，让白小朋跳了进来，然后通过反戈一击，让自己跳出了困境。生活中，如果我们遇到左右为难的话题，大可不必伤神，把它放一边，另起炉灶，紧贴对方的问题，抛给对方一个单项选择。既可让你避开左右为难的话题，又能让对方就范。

塞缪尔善于经商，给国家带来很多财富，自己也赚得家财万贯。后来有人进谗言，说塞缪尔贪污受贿，聚敛财富，家里比国库钱还多。于是，国王找到他，说：“把你的财产登记在这个表册上！写全了，财产来源不明的，我要没收；写不全，隐瞒财产欺君罔上，我也要没收。”塞缪尔想了一会儿，把表填好后给了国王。国王说：“才这么一点啊？我给你的赏赐、俸禄都不止这些吧？”塞缪尔说：“不是的，国王。这些财产已经捐出去了，您无法没收，所以它才是我的。其他财产您随时都可以没收，不算是我的，所以才没有写。”国王听此便不再追究他了。

面对国王的发难，即“写全了”“写不全”都要没收财产的两难处境，塞缪尔离开正题，把话题岔到“什么才是我的财产”上，国王觉得他说得怪怪的，又有一定道理，就不再刁难他了。有人为你挖了沟，忽左忽右，掉进去就不是好玩的。这时候，你不入正题，直接把话题岔开，对方挖的沟陷不着你，对方也就黔驴技穷，不好再和你继续较量了。

学医出身的侯文咏采访律师出身的马英九，但马英九不谈政治，为此，侯文咏故意激道：“我想不通为什么有人想学法律，您想啊，当律师一辈子面对的不是犯罪就是纠纷，一天到晚在法院里帮人吵架，心情一定不好。”马英九却说：“我才想不通为什么有人想学医呢，一辈子面对的不是死亡就是病痛，一天到晚听人呻吟，心情一定更不好。”侯文咏又说：“马先生听到的是哀号，是呻吟，但我看到的却是可以让病人从病痛中恢复健康的希望。”马英九说：“侯先生看到的是犯罪、是纠纷，但我看到的却是可以帮助弱势群体，为大多数人伸张正义的机会。”两个仿拟，让侯文咏无言以对。

马英九对侯文咏的挖苦不仅不接招，还以同样的句式，把话题岔到十万八千里外，可谓一片匠心。最终，让对方搬起石头砸自己的脚。这也告诉我们，在谈话中遇到不感兴趣或是根本不能涉及的话题，可以像马英九那样，以同样的句式回敬，对对方既不失尊重，又有所搪塞。对方感觉话题落空，也就不再坚持了，这样，便轻松避开了对方的陷阱。

破解左右为难的话题并非难于上青天。遇到两难问题务须冷静地找到避开的办法，所谓兵来将挡水来土掩，运用上述技巧，可以把对方抛出来的“皮球”再抛回去还给对方。

5

不要这样劝说别人

当我们对别人进行劝说时，别人有选择接受或拒绝的权力。如果我们为了达到劝说的目的，而故意剥夺了他们的这种选择权，那我们就是在使用错误的手段，而不是在进行劝说。

操　纵

刚开始时，大家觉得亨得利是一位出色的推销员，因为他总是能说服新顾客购买他的图书；但渐渐地，大家就发现亨得利是一位讨人厌的推销员，因为他总是无法让他的顾客再次购买他的图书。原来，亨得利的推销方式是这样的："你好，你现在不想剥夺你的孩子在教育上应得的所有有利条件吧？你也不想让孩子输在起跑线上吧？你看，有很多的孩子已经拥有了这本我们公司推出的儿童百科全书，家长们也都认为这本书对孩子的帮助是巨大的。所以，给你的孩子买一本书吧？它将让你的孩子学到更多的知识，让孩子变得更加聪明……”

操纵是一种为了得到你想要的东西而采取的迂回战术。它是靠罪恶感、羞耻感、恐惧感或义务感等情绪上的不安全感进行的。被操纵的人在可以选择的情况下，是不可能接受你的劝说的。当然了，虽然不情愿，但出于某些考虑，也许还是会服从你，不过他在这么做的时候是非常看不起自己的。可见这是一种操纵手段，其目的是销售，而不是满足顾客的需求。

贿　　赂

查理老板最近很苦恼，他不知道该怎样激发员工莎莉小姐的工作热情。查理希望员工能够为他分担更多的任务，为此他特别安排了员工去做职业培训。但莎莉小姐并不怎么重视这个提高自己的机会。查理坐不住了，他把莎莉叫到办公室说：“莎莉小姐，现在公司的培训课，我听说你上得不怎么样啊。我要你好好学习这些专业知识，这样将来工作可以更有效率啊。如果你听我的话，按照我说的办，把专业培训课上好，我会提高你的周薪的，你学得越好周薪就会越高的，我保证。”莎莉小姐听过这番话后，的确很认真地对待培训课了。查理也兑现承诺给她加薪了，但令他没有想到的是：经过培训之后的莎莉小姐，工作效率上并没有任何的提高。很显然，莎莉小姐只是为了加薪而认真学习，而不是为了提高工作效率。

贿赂是指在谈话中，怀着得到某种好处的想法送出礼物。这可能是影响他人最简单的方法。不过这种方法真的行得通吗？未必见得。行使贿赂的人使用的是见不得人的手段，而不是劝说的方式，这往往就会让原来的意愿无法实现，甚至适得其反。因为接受贿赂的人做选择的根据是个人得利，而不是建议本身的价值。总而言之，听者并不是真心听你劝说的。

强　迫

史密斯太太对史密斯先生说：“你的宝贝女儿露西，喜欢上镇上那个小混混了。我发现她最近夜里经常偷偷溜出去玩，我劝过她很多回，但她根本不听。我想，你有必要去劝劝她了。”史密斯先生听后，立刻来到露西的房间，对露西说：“你知不知道你喜欢的那个家伙是个不务正业的小混混？他的臭名声差不多传遍整个小镇了。我不希望我的女儿被别人说三道四，更不希望你将来不幸福。我不允许你跟这样的家伙交往，绝对不允许。从明天开始，你不能再跟他出去玩了。那家伙要再敢夜里偷偷来找你，我发誓我会打断他的腿。”露西听了有点害怕，当时确实服从了，但当史密斯先生出差之后，露西又跟那个家伙黏在了一起。

强迫是指你在让别人做你希望他们做的事时，使用武力或威胁让他们服从。一般情况下，听者会起逆反心理，不会接受你的劝说。当然，在压力下，对方可能被迫按照被告知的方式行事。不过一旦威胁解除，他们通常会恢复从前的行为模式。他们遵照你的意愿不是因为你提供了有说服力的依据，而是因为他们害怕不这么做产生的后果。强迫不是劝说，而是权力的实施。如此，当然也就无法带来理想的劝说结果。

劝说，就是劝人从事某事或使其对某事表示同意。心理学家认为，要让别人赞同你的观点和主张，光凭着你的观点和主张是正确的还不够，你还要掌握微妙的劝说技术。真正的劝说，可以不需要技巧，但一定要建立在真诚的基础上。只有让听者心甘情愿地接受你的观点，你的劝说才有意义。欺骗、操纵、贿赂——这些可都不是劝说的好方法，请大家切记。

第九章　辩论力

面对职场摩擦，掌握人生关键时刻

1

缓兵之计

在日常生活中，我们可以见到如下情况：当消防队员接到求救电话时，常会用慢条斯理的口气来回答。这种和缓的语气，是为了稳定说话者的情绪，以便对方能正确地说明情况。而在论辩中，面对对手的出击，我们也要使用缓兵之计，“以慢制胜”。

以慢待机，后发制人

王阳明从小就立志做一个圣贤，为这事他没少遭到嘲笑。有一天，父亲王华对王阳明说：“听说你想做圣贤？你懂得什么叫圣贤吗？天天嚷着当圣贤多可笑。”王阳明说：“圣人就是那些为天地立心、为生民立命、为往圣继绝学、为万世开太平的人啊！”王华说：“虽然你把北宋张载这段话背得很扎实，但我告诉你，这是理想主义者的呓语，你怎么就当真了！”王阳明说：“可是，比如说孔子不就是这样的圣人吗？”王华正色道：“那是千年才出一位的圣人，你怎么能比？”王阳明说：“大家都是人，我为什么就不能比呢？”王华顿时语塞。

俗话说：“欲速则不达”，“慢”在一定条件下也是必需的。“以慢制胜法”实际上是论辩中的缓兵之计。当论辩局势不宜速战速决，或时机尚不成熟时，应避免针尖对麦芒式的直接交锋，而应拖延时间等待战机的到来。一旦时机成熟，就可后发制人，战胜论敌。王阳明没有一开始就反驳父亲的观点，而是搬出了孔子来“拖延时间”，然后抓漏点穴，狠狠回击。

以慢施谋，以弱克强

有一个台湾网友讥讽大陆说：“大陆人破坏中国传统文化，比如字体简化。汉字简化后，亲，亲不见；产，产不生；乡，乡无郎；爱，爱无心；备，备无人；厂，厂空空；面，面无麦；进，进不佳；卫，卫无行……”学者周小平后来写了公开信说：“你试图以此证明大陆人没有文化，乱改字体。然而这只不过是你弄巧成拙、自欺欺人的小聪明罢了，毫无意义。如果按照这种小聪明的逻辑，我们完全也可以反唇相讥说，汉字简化后，党内无黑，团中有才，国含宝玉，爱因友存，美还是美，善还是善，虽丑无鬼。然而我们并没有这样做，不是我们不懂得反唇相讥，而是我们不屑于此，有大略者不可责以捷巧，有小智者不可任以大功。”

“以慢制胜法”适用于以劣势对优势、以弱小对强大的论辩局势。它是弱小的一方为了战胜貌似强大的一方而采取的一种谋略手段。“慢”中有计谋，缓动要巧妙。这里的“慢”并非反应迟钝、不善言辞的同义语，而是大智若愚、大辩若讷的雄辩家定计施谋的法宝之一。周小平面对台湾网友的嘲讽，没有反驳，而是以弱克强，实际上是以慢施谋的缓兵之计。

以慢制怒，以冷对热

在某商店里，一位故意找茬的顾客气势汹汹找上门来，喋喋不休地说：“这双鞋鞋跟太高了，样式也不好……”商店营业员一声不吭，耐心地听他把话说完，一直没打断他。等这位顾客不再说了，营业员才冷静地说：“您的意见很直爽，我很欣赏您的个性。这样吧，您到里面去，再另行挑选一双，希望您能称心。如果您不满意的话，我愿再为您服务。”这位顾客的不满情绪发泄完了，也觉得自己太过分了，又见营业员是如此耐心地回答他的问题，也很不好意思。

“慢”在论辩中还是一种很好的“制怒”之术。论辩中唇枪舌剑，自控力较差的人很容易激动。在这种情况下，要说服过分激动的人，宜用慢动作、慢语调。以慢制怒，以冷对热，才能使其“降温减压”。只有对方心平气和了，你讲的道理他才能顺利接受。比如这个营业员，就是以冷静的态度、和缓的语气，平息了对方的怒气，化解了矛盾。

兵贵神速，“快”当然好。可是，有时“慢”也有“慢”的妙处。“慢”是一种韧性的战术，“慢”是一场持久战，“慢”是舌战中的缓兵之计。缓动慢进花的时间虽长，绕的弯子虽大，然而在许多时候，它却往往是取得胜利的捷径。

2

同构意悖，让辩敌无言以对

在电影《后会无期》中，有这样一个情节：马浩汉驾着车送江河去任职的学校。一路上，他们经历了各种状况。当车子开在一条偏僻的小路上时，他们不小心撞到了一条小狗。好在小狗没事，马浩汉和江河便将小狗也带上了车。坐在车里，马浩汉和江河围绕着这条小狗是家狗还是野狗的话题产生了争论。马浩汉说："这里杳无人烟，这小狗没有家，自然算是野狗。"江河听后，淡淡地说："那完了，照你这么说，我们两个也来到了这个杳无人烟的地方，也没有家，那我们就是野人了。"马浩汉听此，无话可说。

马浩汉认为没有在家里的小狗就是野狗，看似有理，实则是不当的推理。江河没有直接反驳马浩汉的观点，而是借用马浩汉的逻辑思维，推理出"人离开家就是野人"的结论。江河以谬制谬，巧妙地指出马浩汉的错误论证。江河的论辩方法，就是同构意悖术。在论辩中，如果发现辩敌的观点错误，我们可以采用同构意悖术，即根据对方的表述方式，来表述另一个荒谬的推论，以荒唐对荒唐，以错误对错误，让辩敌搬起石头砸自己的脚，无言以对。

比仿式同构意悖

在一次中美外交活动中，美国一位将军带着质问的口气问张爱萍：“50年代初，你们为什么出兵朝鲜？”张爱萍听完微微一笑，反问道：“那么，我想先请你回答，你们为什么跨过太平洋出兵朝鲜呢？”对方傲慢地答道：“我们是联合国的部队。”张爱萍瞬间收敛了笑容，反问道：“联合国的部队去干什么？是谁组织的？你们出兵打的是谁？我们出兵打的又是谁？这些恐怕不用我来回答你们就很清楚了吧。请问，炮弹落到你家里了，你还能无动于衷，坐以待毙吗？恕我直言，你们出兵是干涉别国内政，我们出兵是保家卫国，不是吗？”美国将军听了，有口难辩。

比仿式同构意悖术是根据对方的说法，选择一个临近的同类事例，作出一个相似的推理形式进行反击，以期出奇制胜。面对美国将军的质问，张爱萍如法炮制，将对方的逻辑重复使用，质问对方如果炮弹打到对方家门口，对方能否坐视不理？这就指出了，如果中国出兵朝鲜不是合理的话，那么美国人出兵朝鲜就是更不合理的。答案是显而易见的，美国将军无法作答。在辩论中，无论对方抛出什么样的问题，都不能被对方牵着鼻子走，不妨运用比仿式同构意悖，反戈一击，把问题抛给对方，那就有利于用自身的事实批驳对方的错误。

直仿式同构意悖

有个狡诈的财主，找到一个相马的人，对他说："我给你一百块，你给我买一匹我最喜欢的马来。"相马人问："你喜欢什么颜色的马？"财主说："我不要黑马、白马，也不要黄马、灰马。"相马人说："那么，就挑红马或棕马，或几种颜色交错的杂色马吧！"财主说："也不行。"聪明的相马人知道财主有意刁难，于是说："啊，是这样！那我就去试试吧！"相马人收下银元就想走。这时，财主叫住相马人问道："你什么时候把马买好牵来呢？"相马人回答说："不是星期一、星期二……也不是星期六、星期天。但反正会在那一天，我就把马牵来了。"财主一听，急得说不出话来，最后只好眼睁睁地看着相马人带着一百块银元走了。

直仿式同构意悖术主要是根据对方提出问题的思维方式、语言形式，或袭句讽刺，或换词反击，再造一个类似的问题，将对方的问题反弹回去，让对方自食其果，叫苦不迭。这位相马人就是用这种方法，以其人之道还治其人之身，既反击了财主的刁难，还白拿了一百块银元，实在巧妙。论辩中，我方要善于运用论敌的“武器”来反击论敌，使论敌作茧自缚，收到四两拨千斤的论辩功效，从而使论敌败下阵来。而直仿式同构意悖术，往往能够轻而易举地达到这种论辩效果。

喻仿式同构意悖

在一场“环境问题是社会问题”的辩论赛上，有这样一段辩词——

正方：环境问题就是社会问题，打个比方说吧：垃圾很影响环境，而垃圾都是由人制造出来的，人又都是社会的，所以环境问题就是社会问题。

反方：照你们这么说的话，那我也打个比方吧：我们都说月黑风高夜，杀人放火天，月黑风高引发了杀人放火。月黑风高是气象学问题，那是不是等于说杀人放火也是气象学问题？我们只能说，社会引发环境问题，但环境问题不是社会问题。

正方：……

喻仿式同构意悖术是模仿对方的说辩，构造出一个相似的喻例，然后以喻例向对方设难，让对方有口难辩。正方举垃圾为例，说环境问题就是社会问题，反方没有直接辩驳，而是套用正方的辩词结构，用月黑风高夜引发杀人放火的例子，来和正方的例子进行对比，指出社会引发环境问题，但不等于环境问题就是社会问题。这就充分显示了对方观点的不当性。论辩中，当发现对方观点偏颇时，不妨与论敌进行逆反思考，从一果多因或一因多果入手，去寻找有利于我方而不利于论敌的语意，然后迅速地将其填入结构，从而反击对手。

在运用同构意悖术时，可以不去考虑所使用的结构是正确的还是不正确的，是有效的还是无效的，只要与论敌使用的结构相同，便可收到反击对方的效果。因为使用同构意悖技巧的目的主要在于“破”，不在于“立”，即在于破坏论敌的阵势，而不在于建立自己能够成立的结论。运用此辩论技巧可使论敌自食其果，哑口无言。

3

反证法，让辩敌自打嘴巴

生活中，我们常常会遭遇他人的刁难，我们不可能坐以待毙，有时候难免需要适当地反驳。那么，该如何主动出击，通过辩术来达到自己的目的呢？反证法就是个不错的选择。

引申式反证法

在一次同学聚会上，张开和刘明围绕“用数字代替专有名词行得通吗”这个话题展开了论辩。

张开说：“数字简洁明了，一目了然，完全可以用数字来代替专有名词，这样便于记忆。我觉得应该把烦琐的地名、校名、店名、姓名统一改成有序的阿拉伯数字。”

刘明笑着说道：“兄弟，数字取代专有名词这个主意不错。我想了一下，若干年之后，你的求职简历应该会变成这样：姓名：132434；籍贯：第6省26市89县980镇10003村；学历：第29省第22大学第32院系毕业；职业……哈哈，你看多好记啊！不知道的人，还以为你是国家安全局的官员呢！多威风，多气派！”

张开有些尴尬地说：“啊！这个……、这个……”

同学们哈哈大笑起来，张开红着脸，无话可说。

我们可以针对辩敌的荒谬观点，按照对方的错误逻辑进行引申，强调其性质，扩大其范围，加强其深度，以引申出一个更加荒谬的结果。在案例中，刘明针对张开的奇思妙想，一开始并没有针锋相对，严加批驳，而是采取认同、放纵的迂回策略，表面赞同对方的“高见”，实则顺着对方的逻辑去引申发挥，借求职简历一例，充分显示出张开主张的荒谬性。

类比式反证法

胡明老师向校长反映：“你知道我们校有几个胡作非为的地痞吗？”

校长说：“知道啊。”

胡明说：“那你们为何至今不采取行动把他们绳之以法？”

校长说：“采取行动要讲究时机，这些地痞就像猪一样，如果他们还没长肥，我们就把他们杀了，那怪可惜的。

他们现在还是瘦瘦的，处罚起来没分量。虽然学生不理解，但是我们要理解。”

胡明非常不满意地说：“你这个理论太高明了，学生怎会理解呢？猪是人们主动喂养的，而这些地痞是学生主动喂养的吗？我问你，如果有人养了一只猫，希望猫捉老鼠，而这只猫见老鼠在家里吃粮食却不管。主人找猫问罪，猫却说要等到老鼠吃肥一点再抓，你猜主人会怎么处理？”

校长理屈词穷，忙说：“我的理论不对，是我一时糊涂，我马上去处理那几个地痞。”

类比式反证法是把两个性质相同、特点相同或相近的事物放在一起，加以比较，进而得出一个对自己有利、对对方不利的论断。案例中，面对校长放纵地痞的行为，胡明运用了类比式反证法，原本校长的理由很充分，而且貌似很有道理，但是胡明借用猫、老鼠与主人来类比警察、地痞和学生，鲜明地呈现其理论的错误性，成功说服了校长。

推论式反证法

陈君同学花了100多元从市场上买了两条名贵金鱼，谁知没过一天，金鱼就一命呜呼了。于是陈君找到金鱼商，想讨个说法。

陈君：你说金鱼包活五年。那我前天从你这儿买的两条鱼，为什么昨天就死了呢？

鱼商：这个……对！我忘了告诉你，昨天正好是那两条鱼五周岁的生日。

陈君：哦，这下我也明白了，前天的鱼是昨天过五岁生日，昨天的鱼就是今天过五岁生日，今天的鱼就是明天过五岁生日，明天的鱼就是后天过五岁生日，对吧？你卖的金鱼确实长寿，但离死都只有一天！

围观的人一听，哈哈大笑。鱼商无话可说，只好把购鱼款退给陈君。

面对诘问，鱼商以“昨天正好是那两条鱼五周岁的生日”无理诡辩，陈君沉着冷静，顺水推舟，借鱼商的逻辑巧妙归谬，得出“金鱼确实长寿，但离死都只有一天”的荒唐结论，揭露了鱼商的欺诈行径。论辩中，抓住对方狡辩的逻辑，按照这个荒唐逻辑从一个角度层层深入进行推导，得出一个错误明显、漏洞百出的结论，从而暴露出这种说法的极端荒谬可笑，使对方无法反驳，不得不拱手认输。

论辩中，要善于使用反证法，首先须抓住对方辩词中的逻辑思维漏洞，从而有针对性地使用技巧，只有这样对方才无力反抗，最终心甘情愿认输。

4

柿子拣软的捏

俗话说，柿子拣软的捏。论辩中，只要懂得击打辩敌的软肋，就能够让辩敌无法反驳。

从辩敌的荒唐处捏“软柿子”

唐天的手机彩铃被设置为“你拨打的机主已被人民法院宣布为失信被执行人，请督促其尽快履行生效法律文书确定的义务”。唐天发现后，马上去找刘法官询问原因。刘法官解释说：“谁让你当老赖了？惩治老赖，这是一种‘通讯限制’。要解除彩铃，你要先还债。”唐天说：“我确实欠了客户的账，法院判决是年底还清，怎么还没到年底，您就把我定为‘失信被执行人’了？您看判决书的复印件！你们对老赖实行精准打击，我理解，但也不能胡打棍子乱放枪。从法律角度讲，对进入执行程序，但尚未纳入‘失信被执行人’的人实行‘通讯限制’，属于司法乱作为。就是对真的老赖，也不能以违法纠正违法。”刘法官哑口无言。

面对刘法官“通讯限制”的说法，唐天以自己并非“失信被执行人”的事实，捏刘法官的“软柿子”，把他变成了哑巴。辩敌顽固坚持自己的观点，难免夹杂着荒唐。要克敌制胜，不妨从辩敌的荒唐处捏“软柿子”。辩敌的荒唐被你捏废了，其观点的谬误则会暴露无遗，再没有招架之力。

从辩敌的矛盾处捏“软柿子”

时值寒冬，山东某中学教室未供暖，学生取暖全凭棉袄。一个班80个人，已经冻感冒了43个。刘娜娜代表家长提意见，校长回应说：“我们这是勤俭办学，为了节省办学经费，学校不参加集体供暖，能省不少钱。学生感觉冷，可以多穿衣服克服，度过这一段时间就好了。”刘娜娜说：“‘度过这一段时间就好了’，您说得好轻巧啊。学校进行正常教学，供暖是标配条件。您打着‘勤俭办学’的幌子糊弄老百姓，真的是穷到让学生挨冻的地步了吗？您的校长室，副校长室，还有教务处和总务处，貌似都开着大功率空调机，不远处的教育局两层楼都有暖气，唯有学生不供暖，还美其名曰‘勤俭办学’。你们当领导的咋不‘勤俭’一回啊？”

校长让学生挨冻，美其名曰勤俭办学，刘娜娜抓住只让学生“勤俭”，校领导却没有“勤俭”的矛盾捏“软柿子”，让校长现了原形。辩敌说话前后不一致，矛盾重重，是无法掩饰的“软柿子”。论辩中，你从对方辩词的矛盾处捏“软柿子”，令其汤水直流，辩敌痛不欲生自会落荒而逃。

从辩敌的疏漏处捏“软柿子”

再说一则新闻消息：姚某给某家装公司做培训讲师期间，建议让没完成销售业绩的员工挂着“混吃混喝奖牌”拍照片，上传微博。经理觉得不妥，姚某则振振有词地说：“对混吃混喝的员工，让他丢脸，给一点警示是应该的。不然的话，大家都懒惰下去，不求上进，公司还活不活了？这是管理的必由之路，不是侮辱员工。”经理说：“按您的思路，我们早该给他们挂上‘混吃混喝’的牌子游街示众了。”“游街示众不行，侵犯员工的人格权，犯法。”经理说：“把这种照片放到微博上，比游街示众性质还恶劣。游街示众能有几个人看见？上了网，世界上所有网友，包括他们的爹妈妻儿、亲戚朋友，同学同事，分分钟都能看到。您这种做法比游街示众有过之而无不及，不是更犯法吗？”

姚某建议制裁“混吃混喝奖”得主，却没想其做法和“游街示众”的联系，经理则在这一点捏姚某的“软柿子”，令其败北。辩敌推出荒谬论点，不可能做得无懈可击，总会有疏漏的地方。这时候你抓住辩敌的疏漏捏“软柿子”，只要有一点被捏破肚皮，其荒谬观点便分崩离析，不攻自破。

捏“软柿子”，是一种专打辩敌薄弱环节，攻其不备，攻其不防，攻其不固的实战要术。论辩中目标找得准，下手重，可以一招制胜。

5

谬上加谬，以谬制谬

韩寒年轻时曾参加过一个访谈节目，与一些专家学者就教育问题进行了一番舌战。其间，一位嘉宾指着韩寒的长头发说：“韩寒是个男的，又不是女人，却留这么长的头发，这就太叛逆了。”韩寒听了，不满地说道：“也许我真的很叛逆吧，但我肯定没有刘欢叛逆。”嘉宾问：“怎么说到了刘欢？”韩寒答道：“你不是说男生留长头发就是叛逆吗？那人家刘欢也是长头发，而且他的长头发不但留了那么多年，还比我长不少呢！”嘉宾听后，无言以对。

在这里，韩寒所使用的论辩技巧就是导谬术。导谬术是指从对方的论断中导出一个荒谬的结论来，从而证明对方的论断是不能成立的。韩寒从嘉宾的错误论点“留长发的男生很叛逆”，引出荒谬可笑的结论“刘欢更叛逆”，从而证明了这种错误的论点是站不住脚的，因而也就把它驳倒了。论辩中，我们也会经常遇到辩敌提出一些荒谬的观点，对此，我们就应该使用导谬术，巧妙引申，借题发挥，谬上加谬，以谬制谬。最终，达到克敌制胜的目的。

在《极限挑战》第四期节目中，孙红雷和黄渤等人要去泥沼里完成任务。大家开了一辆车，准备去目的地，但在经过一户人家时，孙红雷却突然要求黄渤把车停下。

黄渤问："怎么了？"

孙红雷说："我带的小铲子忘记拿来了，那个对我们今天的任务有用。你把车停下，我看这路边好像有把铁锹，我们拿一把带着去目的地吧。"

黄渤说："那怎么行，那是人家的东西。你随便拿走，不是等于偷拿人家的东西了吗？"

孙红雷"狡诈"地说："他们放路边了，我还不能拿了啊？咱们从路边拿的，不算偷吧？"

黄渤："你这逻辑也可以啊？你不能看见东西放在路边就拿走吧？你看这路边也有个拖拉机呢，你把拖拉机开走吧；你看这房子也放路边了，你进去住去吧。你看前面路边还有个姑娘呢，你把人家姑娘带走吧。你说，你这不是土匪吗？哈哈！"

孙红雷尴尬地说：“我就说说啦！”

孙红雷觉得放在路边的东西就可以随便拿，这显然是不对的，但黄渤没有直接反驳，而是根据这个逻辑，让孙红雷把路边的拖拉机、房子以及美女也带走，巧妙地指出了孙红雷的错误所在。导谬术是在论辩中反驳对方谬误的最有力的武器，它的最大特色是“以子之矛，攻子之盾”。当我们面对谬论时，我们应该做到“欲正故谬”，即可以先假设对方的论点是对的，然后从中推出非常明显的荒谬结果，返还给对方，如此一来，就必然会把对方的论题驳倒。

鲁迅和梁实秋都是五四时期重要的文学家，但两个人的学术观点却不相一致。两个人经常为了捍卫各自的见解而针锋相对，展开笔战。有一次，梁实秋说：“一切的文明都是极少数天才创造的，好的作品永远是少数人的专利品，而大多数人永远是蠢的，永远是与文学无缘的。”对于这种论调，鲁迅立刻批驳道：“倘若说，作品愈高，知音愈少。那么，推论起来，谁也不知道的东西，就是世界上的绝作了。”梁实秋听后，无言以对。

如果梁实秋这样推论对头的话，那就会推导出更为荒谬的结论。鲁迅正是运用这一方法，导引出更为荒谬的结果，从而巧妙地驳斥了梁实秋提出的命题，使命题的荒谬暴露无遗。可以说，鲁迅在辩词中的讽刺力是极强的，让对方有口难辩。在论辩中，面对辩敌那些冠冕堂皇的诡辩，我们也可以运用这种推理方式，针对对方论点的条件部分，进行推衍、扩展、引申，找出一个比较特殊的条件，使这条件与对方的结论相悖谬，从而驳倒对方的观点。

导谬术的论证过程是：先是肯定对方的论点，然后导入荒谬，最后反戈一击，驳倒对方。朋友们，学会了这一招，以后再面对辩敌那些荒谬的论点时，我们就可以做到出奇制胜了。

6

“怼”的艺术

论辩中，很多人喜欢无理强辩，把没理的硬说成有理的，让你“秀才见了兵，有理说不清”。但是，辩敌强词夺理夺到的无不是歪理，我们有的是办法应对，比如“怼”回去。怎么“怼”？

问——穷追不舍

山西某县一中的老师在学校放假后A A制聚餐，22人花费1390元，教研组长程老师被县纪委纠风室史主任约谈。史主任说：“这件事发生在工作日中午，有组织有规模地违规吃喝，在社会上造成严重影响。你需要对这种腐败行为作出书面检查。”程老师说：“我们放假聚餐，AA制付费，一没占工作时间，二没花公款，和腐败不沾边。我们违了什么规，违的是哪一条？您说我们吃饭‘在社会上造成了严重影响’，您说具体点，到底有多严重，喝酒时和人吵架聚众斗殴了吗？酒后吐真言，发表反动言论了吗？还是酒驾撞死人了？都没有，那您说的严重影响指的是什么？”至此，史主任无言以对，没下文了。

对史主任的滥用职权和无限上纲，程老师以“违了什么规”“聚众斗殴”“反动言论”“酒驾撞死人”等语素连环反问，穷追不舍，迫使史主任缄口。别看强词夺理者多么不可一世，某些关键谬误总是不可掩饰。揪住这些谬误打造“集束”反问，穷追不舍，其效果可算是刀刀逼命，让辩敌在劫难逃。

争——寸土不让

娜娜在一家涮肉店就餐时，发现有客人在抽烟，向工作人员反映无果，便录制视频，向区卫生监督所、食药监局和控烟协会举报，投诉店家。老板闻讯愤怒至极，大声喝住娜娜说：“你投诉我没道理，客人抽烟，又不是我抽烟，不喜欢烟味可以走人，你也太矫情了，多管闲事！你是我们店不受欢迎的人，下次不要再来。”娜娜说：“不要再来？你就是用八抬大轿抬我，也别想要我再来！我受二手烟危害，维权是维护我的个人利益，既不是‘矫情’，也不是‘多管闲事’。你们店面没有禁烟标识，没有举报电话号码，向你们反映有客人抽烟，你们理都不理。要说矫情我就要‘矫情’一回，这个‘闲事’我管定了。”老板无言以对了。

涮肉店老板对娜娜的投诉蛮横苛责，娜娜则寸步不让，反击的语言犀利凌厉，字字刺耳，又稳稳地占在理上，把老板搞得焦头烂额。辩敌强词夺理，跟你逞威风，除了以牙还牙没有别的路可走，那么你就该勇敢地争论，勇敢地表达强烈不满，给辩敌以反击。你抓住理把子把辩敌怼得惨惨的，辩敌才舒服，才会变老实。

驳——势如破竹

江苏某公立医院纪委于主任把一张《病人欠费医生扣款明细表》摊在何医生面前，说：“这是您的病人近几年的欠费单，几十元几千元不等。医院要生存，医生要有责任意识，要有担当，谁的病人发生欠费，就扣谁的工资。这才是公平的。”何医生说：“患者欠费扣医生工资的规定，没有经过职代会表决通过，更没有劳动法和民事法依据，根本不成立。医生的职责是治病救人，把欠费问题扣在我们身上，无异头疼医脚，是瞎胡闹。让兢兢业业工作的一线医生为欠费买单，侮辱了医生的尊严。以后谁还愿意岗位建功，谁还敢正经看病，谁还想要良心？ 医院的这个规定是在逼良为娼！”

史主任以责任意识和担当作绑绳，为扣钱强词夺理，何医生则从法理、事理和道理上严厉反驳，斥之为逼良为娼，可谓势如破竹。辩敌在谬误上强词夺理，再强势也是外强中干。我们步步为营，对辩敌的谬误逐一进行反驳，个个都往死里整，辩敌的谬误被你戳得体无完肤，辩敌就再也猖狂不起来了。

与强词夺理的辩敌过热招，“温良恭俭让”根本无济于事，我们必须以智、以理对辩敌硬碰硬，戳其灵魂，伤其元气，给其造成重创。你把辩敌收拾得越彻底，辩敌就越老实。